KB273650

문학 속 숨은 경제학

文學經濟

'문학으로 배우는 경제학'
고전 문학 속 인물들의
갈등과 행동을 경제학의 핵심 개념과 함께
새롭게 읽어 내며
"왜 이런 선택이 나타나는가"라는 물음을
선명하게 드러내고 있다.

김상규 | 경제학 박사

서양 고전 24편으로 읽는
경제 이야기

Hidden Economics in Literature

문학속
숨은
경제학

박정희 지음

도서
출판 **더 로드**
The Road Books

문학적 상상력으로
세상을 새롭게 보고 싶은 독자들에게
자신있게 추천한다

어렵고 딱딱하며 실생활 적용이 어렵게만 느껴지던 경제가 이렇게 쉽고 재미있으며 생활 속에서 유용하게 활용될 수 있다는 사실은, 집필자가 오랜 기간 고등학교 경제교사로서 쌓아 온 고뇌와 노하우를 이 책에 고스란히 담아냈기 때문이다. 시대적 흐름에 맞는 융합적 접근, 특히 '문학으로 배우는 경제학'이라는 새로운 시도를 통해 경제학의 본질과 핵심 개념을 정확하게 짚어내고, 독자가 자연스럽게 경제적 시야를 확장하도록 돕고 있다.

저 또한 오랫동안 경제학을 연구하고 학생들을 가르쳐 오면서, 경제학의 모든 이론과 원리가 결국 인간의 선택을 이해하기 위한 도구라는 사실을 확신하게 되었다. 문학이 그 선택의 배경과 감정을 보여 준다면, 경제학은 그 선택이 만들어 내는 구조와 결과를 설명한다. 겉으로는 멀어 보이지만 두 학문은 결국 같은 질문을 향하고 있다.

이 책은 바로 그 지점을 설득력 있게 보여 준다. 저자는 고전 문학 속 인물들의 갈등과 행동을 경제학의 핵심 개념과 함께 새롭게 읽어 내며 "왜 이런 선택이 나타나는가"라는 물음을 선명하게 드러내고 있다. 분석은 과하지 않고 설명은 친절하며, 독자는 문학적 상상력 속에서 자연스럽게 경제적 사고방식으로 이어지는 흐름을 경험하게 된다.

문학을 통해 경제 개념을 이해하는 방식은 새로운 시도처럼 보이지만, 사실 경제학의 본질을 되짚는 매우 효과적인 접근이다. 이 책은 경제학을 처음 접하는 학생에게는 쉬운 입문서가 되고, 문학을 즐기는 독자에게는 신선한 통찰을 제공하며, 이미 경제학을 공부해 온 이들에게도 사고를 확장하는 기회를 마련하고 있다.

교육 현장에서 오랜 시간 학생들과 호흡해 온 저자의 통찰이 담긴 이 책은 독서 경험을 지적 즐거움으로 바꾸어 주며, 인간과 사회를 바라보는 시야를 한층 넓혀 줄 것이다. 경제학을 이해하고 싶은 모든 분들께, 그리고 문학적 상상력으로 세상을 새롭게 보고 싶은 독자들에게 자신 있게 추천한다.

2026년 1월

김상규

경제학 박사, 전 한국경제교육학회 회장, 대구교육대학교 명예교수

문학으로 경제를 읽다

경제학을 떠올리면 우리는 먼저 숫자와 그래프, 복잡한 수식을 생각합니다. 하지만 한 발만 물러서 보면, 경제의 중심에는 언제나 인간의 삶이 있습니다. 무엇을 사고, 무엇을 포기하며, 어떤 선택을 하는가. 그 모든 순간은 희소성과 선택, 기회비용과 욕망, 제도와 가치라는 경제의 언어로 설명됩니다. 경제학은 차가운 계산이 아니라, 매 순간 갈림길에 서는 인간의 이야기입니다.

그런데도 교과서 속 경제는 자주 멀게 느껴집니다. 개념은 정교하지만, 삶의 체온이 전해지지 않기 때문입니다. 그래서 저는 늘 스스로에게 질문해 왔습니다.

학생들이 경제를 외우는 대신, 살아 있는 이야기처럼 느낄 수는 없을까?

그 답은 의외로 멀리 있지 않았습니다. 바로 문학이었습니다.

문학은 인간의 욕망과 선택, 갈등과 가치를 가장 깊이 파고드는 언어입니다. 소설 속 인물의 삶을 따라가다 보면 우리는 계산하지 않아도 선택의 무게를 느끼고, 결과의 잔혹함을 체험합니다. 바로 그 지점에서 경제학의 개념은 정의가 아니라 경험이 됩니다. 이해는 머리가 아니라 몸에서 시작됩니다.

오늘날 사회와 대학이 원하는 인재는 단순히 문제를 많이 푸는 사람이 아닙니다. 지식을 넘어서 질문을 던지고, 경계를 연결하며, 새로운 관점을 제시할 수 있는 사람입니다. 경제와 문학, 인간과 사회를 가로지르는 통찰이 요구되는 이유가 여기에 있습니다.

이 책은 서로 분리되어 있던 경제와 문학의 두 세계를 하나의 흐름으로 잇는 시도입니다. 전미경제교육협의회(NCEE, National Council on Economic Education)가 제시한 희소성과 선택, 기회비용, 한계 분석, 수요와 공급, 생산요소, 경제체제와 시장구조, 경제활동의 측정, 화폐와 정부의 역할, 무역과 국제경제 등의 핵심 개념을 바탕으로, 《고리오 영감》에서 《돈》에 이르기까지 24편의 서양 고전 문학을 경제학의 언어로 새롭게 풀어낸 책입니다.

오스카 와일드의 《도리언 그레이의 초상》에서는 인간의 욕망이 어떻게 수요와 심리를 왜곡하는지를 목격하게 됩니다. 아서 밀러의 《세일즈맨의 죽음》은 실업과 존엄을, 피츠제럴드의 《위대한 개츠비》는 돈의 본질과 가치의 전도를, 셰익스피어의 《베니스의 상인》은 신용과 국제 거래의 긴장을 생생하게 드러냅니다.

이 인물들의 선택과 행동, 그리고 그 끝을 따라가다 보면 우리는 경제 개념을 외우지 않아도 이해하게 됩니다. 공감 속에서 개념이 자라고, 이야기를 통해 원리가 또렷해집니다. 숫자가 아니라 인간과 사회의 이야기로서 경제가 살아 움직이는 순간입니다.

결국, 경제는 인간의 이야기입니다. 그리고 그 이야기를 문학의 언어로 다시 읽을 때, 우리는 숫자 너머의 경제를, 개인을 넘어선 사회를 이해하게 됩니다. 이것이 이 책이 건네는 초대입니다.

이 책은 결코 혼자서 완주한 여정이 아니었습니다. 원고의 첫 문장부터 마지막 문장까지, 제 곁에는 늘 가족이 있었습니다. 묵묵히 제 곁을 지켜준 사랑하는 아내 현주와 아들 세준이의 응원과 사랑이 큰 힘이 되었습니다. 가족의 믿음과 따뜻한 격려가 이 여정을 끝까지 이어갈 수 있게 한 가장 든든한 원동력이었습니다.

이 책이 세상에 나올 수 있기까지, 마음을 내어 함께 걸어 주신 분들도 계십니다. 힘이 부칠 때마다 진심 어린 격려와 흔들림 없는 믿음을 보내 주신 학교법인 조양회관의 이욱 이사장님께 깊이 감사드립니다. 늘 따뜻한 조언과 배려로 응원해 주신 원화여자고등학교의 김시구 교장 선생님과 교직원 여러분께도 진심으로 감사의 마음을 전합니다. 그리고 무엇보다, 매일 교실에서 만난 학

생들이 있었습니다. 질문하고 고민하며 배우려는 여러분의 눈빛
이, 이 책을 끝까지 쓰게 한 가장 솔직한 동력이었습니다. 이 책이
여러분의 삶에 작은 울림과 따뜻한 영감으로 남기를 바랍니다.

끝으로, 오래 품어 온 출간의 꿈을 현실로 만들어 주신 도서출
판 더로드 관계자 여러분께 깊이 감사드립니다. 제 원고의 가능성
을 믿고, 한 문장 한 문장에 귀 기울여 주신 조현수 회장님과 임직
원 여러분의 세심한 조언과 아낌없는 지원 덕분에 이 책은 지금의
모습으로 세상에 나올 수 있었습니다. 이 책이 지닌 무게와 빛은
전적으로 여러분의 헌신 위에 놓여 있습니다.

이 자리를 빌려, 함께 걸어 준 모든 분들께 마음 깊이 감사드립
니다. 이 책이 그 고마움에 대한 작은 응답이 되기를 소망합니다.

2026년 1월

박정희

Contents
차 례

Hidden Economics in Literature

인간의 선택에서
시작되는
경제 이야기

1장

삶을 설계하는
보이지 않는 힘, 경제학

01 욕망과 결핍의 균형을 찾아서 ―《고리오 영감》

경제는 우리와 얼마나 가까운가?

인플레이션, 금리, 환율… 이런 단어들은 왠지 어렵고 나와는 상관없는 이야기처럼 느껴지기도 하죠. 하지만 조금만 고개를 돌려보면, 이 개념들은 이미 우리의 하루 한가운데에 있습니다. 오늘 점심을 먹을 때도 우리는 자연스럽게 묻습니다. '가격은 괜찮은가?', '이 돈을 쓰고 만족할 수 있을까?' 이 짧은 고민 하나가 바로 경제적 판단입니다. 경제는 숫자가 아니라, 이렇게 매 순간 우리가 내리는 선택의 언어입니다.

이 사실을 오래전에 이미 보여준 인물이 있습니다. 고대 그리스의 철학자 탈레스입니다. 당시 사람들은 그를 '쓸모없는 철학자'라며 비웃었습니다. 돈에는 관심 없고, 밤마다 별만 바라보는 사람처럼 보였기 때문이죠. 그러나 탈레스는 별자리를 관찰하다가 중요한 신호를 읽어냈습니다. 다음 해 올리브가 대풍을 이룰 것이라는 사실이었습니다. 그는 곧바로 행동에 나섰습니다. 사람들이 거들떠보지도 않던 올리브 압착기를 미리 모두 빌려둔 것입니다.

이듬해, 예상대로 올리브가 넘쳐나자 상황은 완전히 달라졌습니다. 압착기가 없으면 아무도 올리브를 처리할 수 없었고, 탈레스는 그 기계를 빌려주며 큰돈을 벌었습니다. 그는 이렇게 말합니다. '철학자는 부자가 되려 하지 않지만, 원한다면 언제든 될 수 있다.' 이 이야기는 돈을 자랑하기 위한 것이 아닙니다. 지식으로 미래를 읽고, 그에 맞춰 합리적인 선택을 했을 뿐이라는 점이 핵심입니다. 경제의 힘은 지갑이 아니라 사고력에서 나온다는 사실을 이 일화는 분명하게 보여줍니다.

'보이지 않는 손(Invisible Hand)'이라는 경제 개념도 결국 같은 이야기를 하고 있습니다. 각자가 자신의 판단에 따라 선택한 행동들이 모여, 결과적으로 사회 전체의 자원 배분을 움직인다는 뜻입니다. 경제학은 거대한 기업이나 정부만의 언어가 아닙니다. 우리가 매일 반복하는 선택 속에 숨어 있는 삶의 지혜입니다. 이제부터는 문학 속 이야기들을 따라가며, 그 안에 숨겨진 경제학의 원

리를 하나씩 꺼내보려 합니다. 숫자가 아니라 이야기로, 이론이
아니라 생각으로 말입니다.

돈이 인간의 감정을 지배할 때 – 발자크의 《고리오 영감》

오노레 드 발자크(Honoré de Balzac)의 《고리오 영감(Father
Goriot)》은 화려한 파리의 겉모습 뒤에서 돈이 인간관계와 도덕
을 어떻게 뒤틀어 놓는지를 집요하게 파고드는 작품입니다. 겉보
기에는 우아한 도시처럼 보이지만, 그 속을 들여다보면 계산과 계
급, 허영이 촘촘히 얽혀 있습니다. 사랑도 명예도 결국 돈의 언어로 번역되는 곳, 그곳에서 발자크는 돈이 단순한 교환 수단이 아니라 감정과 지위를 줄 세우는 보이지 않는 법칙으로 움직인다는 사실을 드러냅니다.

세 인물은 서로 다른 욕망을 대표합니다.

고리오 영감

고리오는 사랑을, 라스티냐크는 출세를, 보트랭은 권력을 좇습니다. 고리오는 귀족 사회에 들어간 두 딸을 위해 전 재산을 내어주고, 자신은 하숙비와 식비까지 아껴가며 초라한 노년을 보냅니다. 큰돈에는 관대하면서도 사소한 지출에는 민감해지는 그의 모습은 인간이 돈을 대하는 방식에 숨어 있는 심리적 함정을 보여줍니다. 이 같은 현상은 과거의 이야기가 아니라, 오늘날 우리의 소비 장면 속에서도 반복됩니다. 100만 원짜리 스마트폰에는 망설임 없이 지갑을 열면서도, 계산대 앞에서 더해지는 몇 천 원에는 괜히 마음이 좁아지는 모습에서 확인할 수 있습니다.

경제학적으로 보면 고리오의 선택은 기회비용(Opportunity Cost)을 무시한 대표적인 사례입니다. 한정된 자원은 가장 큰 만족을 주는 곳에 써야 하지만, 그는 사랑이라는 '비시장적 가치'에 과도하게 투자해 자신의 행복을 잃었습니다. 이 장면에서는 '한계효용 체감의 법칙'도 선명하게 읽힙니다. 처음의 지원은 행복을 가져왔지만, 투입이 반복될수록 만족은 줄고 상실감만 커졌습니다. 사랑을 돈으로 채우려 할수록 사랑은 멀어지고, 결국 돌아온 것은 감사가 아니라 냉담함뿐이었습니다.

오늘날에도 비슷한 모습은 반복됩니다. 아이에게 비싼 학원과 과외를 쏟아붓지만, 정작 함께 보내는 시간이 줄어드는 부모의 불안, 관계를 지키려 선물을 쏟아붓지만, 오히려 거리만 멀어지는 상황처럼 말이죠.

라스티냐크의 각성은 또 다른 현실을 보여줍니다. 그는 파리 사회의 진짜 규칙은 실력이 아니라 '돈과 연줄'임을 깨닫고, 도덕보다 성공을 택합니다. 이는 한 개인의 타락이라기보다 제도와 유인이 만들어낸 결과입니다. 오늘날도 마찬가지입니다. 좋은 대학, 좋은 직장, 좋은 기회를 얻기 위해선 능력뿐 아니라 정보, 네트워크, 경제력까지 중요한 요소가 되었습니다. 발자크가 비판한 것은 바로 이런 구조적 불평등, 즉 기회비용조차 계급에 따라 다르게 부과되는 현실입니다.

이 비극은 지금의 우리에게도 똑같은 질문을 던집니다. 왜 우리는 큰 낭비에는 둔감하면서 사소한 금액엔 예민할까요? 왜 관계를 지키려 돈을 쓰다가 오히려 관계를 잃을까요? 발자크는 돈을 '거울'이라고 말합니다. 그 거울 속에는 단순한 숫자가 아니라 우리의 욕망, 불안, 죄책감, 허영이 비칩니다. 경제학은 그 거울에 낀 김을 닦아내며 묻습니다. "어떤 선택이 당신의 만족을 높이고, 어떤 선택이 후회를 만들고 있는가?"

《고리오 영감》은 개인의 비극을 넘어서 사회 구조의 문제까지 드러냅니다. 발자크의 파리는 철저히 계급화된 도시였고, 신분 상승을 위해 도덕적 타협과 금전 거래가 당연한 시대였습니다. 오늘날에도 부동산 격차, 교육 기회의 불평등, 기업 간 격차 같은 문제는 여전히 존재합니다. 라스티냐크가 '돈 없이는 아무것도 할 수 없다'는 현실을 깨달았던 것처럼, 지금도 많은 청년이 비슷한 벽 앞에서 고민합니다.

결국 《고리오 영감》은 돈이 인간의 감정과 선택, 그리고 사회의 도덕 질서까지 어떻게 바꾸는지를 보여주는 '경제학적 인간 드라마'입니다. 그리고 발자크는 마지막에 우리에게 묻습니다.

"당신은 무엇을 위해, 그리고 무엇을 희생하며 돈을 쓰고 있는가?"

이 질문은 19세기 파리뿐 아니라 오늘의 우리에게도 똑같이 유효한, 경제학의 근본 질문입니다.

보이지 않는 설계자, 경제학

'경제학(Economics)'이라는 말의 출발점은 의외로 아주 소박합니다. 이 단어는 고대 그리스어 오이코스(oikos), 즉 '집'과 노모스(nomos), '법칙'이나 '관리'에서 나왔습니다. 본래 의미는 '집을 현명하게 관리하는 기술'이었습니다. 국가도, 시장도 아니었습니다. 한 가정의 살림살이가 경제학의 출발선이었던 셈이죠. 이 표현을 처음 학문적으로 사용한 사람은 그리스 철학자 크세노폰으로, 그는 경제를 '가정을 꾸려 나가는 기술'로 설명했습니다. 경제학은 처음부터 거창한 이론이 아니라, 살아가는 방법에 대한 고민이었습니다. 경제학은 희소한 자원을 어떻게 써야 인간의 욕구를 가장 잘 만족시킬 수 있는지를 묻는 학문입니다. 우리는 이 질문을 매일 반복합니다. 점심 메뉴를 고를 때도 마찬가지입니다. 주어진 예산과 시간 안에서 '가장 만족스러운 선택'을 하려 애쓰죠. 이 순간, 우리는 이미 경제학자가 됩니다. 중요한 점은 선택에는 언제나 대가가 따른다는 사실입니다. 어떤 하나를 고르면, 다른 하나는 내려놓아야 합니다. 이때 포기한 선택의 가치를 경제학에서는 기회비용이라고 부릅니다. 지금 이 글을 읽는 동안 하지 못한 게임이나 휴식이 바로 그 예입니다. 경제학은 이런 보이지 않는 비용을 의식하게 만들고, 만족은 키우고 후회는 줄이는 선택의 기준을 제시합니다.

그런데 아무리 계획적으로 돈을 써도 문득 이런 생각이 들 때가 있습니다. '내 돈은 다 어디로 갔지?' 그 이유를 설명해 주는 개념이 바로 인플레이션(Inflation)입니다. 인플레이션은 물가가 오르면서 돈의 가치가 서서히 줄어드는 현상입니다. 특별히 잘못 쓰지 않아도, 아무 행동을 하지 않아도 저축의 힘은 조금씩 깎여 나갑니다. 통장 속 숫자는 그대로인데, 살 수 있는 물건의 양이 줄어드는 이유가 여기에 있습니다. 돈은 가만히 두면 그대로 있는 것처럼 보여도, 실제로는 움직이고 있는 셈입니다.

경제학은 또 한 가지 불편한 진실도 알려줍니다. 개인에게는 합리적인 선택이 사회 전체에는 오히려 비효율을 낳을 수 있다는 점입니다. 예를 들어 이사철이 되면 누구나 '괜찮은 집을 적당한 가격에 사고 싶다'고 생각합니다. 이 판단 자체는 지극히 합리적입니다. 하지만 모두가 동시에 '지금이 집을 살 때'라고 믿는 순간, 주택 가격은 급등합니다. 이것이 바로 구성의 역설(paradox of composition)입니다. 개인에게는 옳았던 선택이, 사회 전체에서는 문제를 만들어내는 것입니다.

이처럼 경제학은 개인의 돈 관리에서 출발해, 사회 전체의 구조와 움직임까지 설명하는 학문입니다. 숫자만 다루는 학문이 아니라, 인간의 선택이 어떻게 세상을 바꾸는지를 보여주는 이야기이기도 합니다. 다시 말해 경제학은 우리의 일상과 우리가 사는 세상을 동시에 꿰뚫어 보는, 생각의 지도라고 할 수 있습니다.

경제를 안다는 것은 세상을 읽는 힘을 갖는 것

우리는 발자크의 소설에서 출발해 고대 그리스의 어원까지 거슬러 올라오며, 한 가지 사실을 분명히 확인했습니다. 경제학은 숫자를 계산하는 기술이 아니라, 인간의 삶을 이해하는 지혜의 기술이라는 점입니다. 경제학이 묻는 질문은 단순합니다. 희소한 자원 속에서 우리는 어떤 선택을 해야 더 잘 살 수 있는가. 이 질문은 교실이 아니라, 우리의 하루 속에서 끊임없이 반복됩니다.

그래서 경제학은 돈의 액수만 보지 말라고 말합니다. 더 중요한 것은 그 돈으로 무엇을 얻고, 무엇을 포기했는지입니다. 그리고 그 선택의 가치는 시간이 흐르며 어떻게 달라지는지도 함께 생각하라고 요구합니다. 같은 금액이라도 언제, 어디에 쓰느냐에 따라 전혀 다른 의미를 갖기 때문입니다. 경제학은 바로 이 '보이지 않는 차이'를 읽는 눈을 길러 줍니다.

인플레이션에 대비한 자산 관리, 충동이 아닌 기준에 따른 지출, 그리고 가치의 변화를 감지하는 감각. 이것이 오늘날 경제학이 우리에게 요구하는 핵심 능력입니다. 애덤 스미스가 말한 '보이지 않는 손'이 작동하는 세상에서, 우리는 매 순간 선택의 갈림길에 서 있습니다. 경제학은 정답을 대신 골라주지는 않습니다. 대신 우리가 내린 선택을 이해하게 하고, 다음 선택을 더 나은 방향으로 이끄는 나침반이 되어 줍니다.

결국 경제학은 묻습니다.

지금 이 순간, 여러분은 어떤 선택을 하고 있는가.

02 유한한 자원과 무한한 욕망의 충돌 ─《파우스트》

1분이 100달러라면, 우리는 지금 무엇을 낭비하고 있을까

우리가 일상에서 가장 쉽게 낭비하는 것은 무엇일까요? 돈일까요, 아니면 시간일까요? 이 질문에 누구보다 분명한 답을 가진 사람이 있습니다. 영화배우이자 전 캘리포니아 주지사였던 아놀드

슈워제네거입니다. 그의 전성기 시절, 한 광고 촬영 현장에서의 일화는 지금까지도 경제학적 통찰을 선명하게 보여줍니다.

촬영 대기 시간, 스태프들이 가벼운 잡담을 나누며 시간을 보내고 있던 순간, 그는 갑자기 말을 꺼냈습니다.

'여러분, 저는 지금 이 자리에 있는 매 1분마다 100달러를 벌고 있습니다. 그런데 여러분이 이야기를 나누는 동안, 저는 그 100달러를 잃고 있는 셈이죠. 다시 말해, 여러분은 제거 100달러짜리 수다를 떨고 있는 겁니다.'

이 말은 단순히 돈을 과시하기 위한 발언이 아니었습니다. 그가 강조한 것은 '시간의 가격'이었습니다. 아무리 부자라도 시간만큼은 누구에게나 똑같이 주어진, 가장 한정된 자원이기 때문입니다. 슈워제네거에게 시간은 그냥 흘려보낼 수 있는 여유가 아니었습니다. 그 1분은 곧 100달러의 가치였고, 어떻게 쓰느냐에 따라 얻거나 잃을 수 있는 선택의 순간이었습니다.

그는 단순히 시간을 포기한 것이 아니었습니다. 그 시간에 벌 수 있었던 '기회'를 내려놓은 셈이었습니다. 경제학에서 말하는 기회비용이 바로 여기에 있습니다. 어떤 선택을 했을 때, 동시에 사라지는 다른 선택의 가치. 우리는 보통 잃은 돈은 쉽게 느끼지만, 잃어버린 가능성에는 둔감합니다.

이 일화가 오래 기억되는 이유도 여기에 있습니다. 경제학은 거창한 이론이 아니라, 우리가 무엇을 선택하고 무엇을 포기하며 살아가는지에 대한 이야기이기 때문입니다. 그리고 그 선택의 기준은 생각보다 가까운 곳, 바로 우리의 '시간 사용' 속에 숨어 있습니다.

"더 많이! 더 많이!" — 괴테의 《파우스트》가 보여주는 욕망의 끝

요한 볼프강 폰 괴테(Johann Wolfgang von Goethe)의 대표작 《파우스트(Faust)》는 인간의 욕망과 선택, 그리고 행복의 본질을 깊이 들여다보는 작품입니다. 파우스트 박사는 평생 지식과 진리를 좇았지만, 마음은 늘 공허했습니다. "나는 모든 것을 알지만, 아무것도 느끼지 못한다." 결국, 그는 악마 메피스토펠레스와 계약을 맺습니다. "지금, 이 순간이 완벽하다고 느끼는 날, 내 영혼을 넘기

파우스트

겠다." 이 짧은 약속에는 인간 욕망의 역사가 압축되어 있습니다.

파우스트는 젊음을 되찾고 사랑을 얻으며, 세상의 권력과 쾌락을 맛봅니다. 하지만 만족은 오래가지 않습니다. 새로운 것을 얻을수록 욕망은 더 커지고, 마음의 평화는 멀어집니다. 더 나은 스마트폰을 사고, 더 큰 집을 찾고, 더 많은 팔로워를 쌓아도 금세 또 다른 목표가 생기는 오늘의 우리처럼 말이죠. 파우스트가 외치는 "멈추지 마라!"는 결국 더 큰 결핍을 불러오는 주문이었습니다.

괴테는 이 이야기 속에 경제학의 가장 기본적인 진리를 숨겨 놓았습니다. "인간의 욕망은 무한하지만, 자원은 유한하다." 파우스트가 끝없이 갈증을 느꼈던 이유가 바로 이것입니다. 우리도 다르지 않습니다. 시험 성적, 스펙, 외모, 소비. 더 나은 '다음 단계'를 향해 끊임없이 달리지만, 만족은 잠깐이고, 곧 새로운 부족함이 고개를 듭니다.

경제학에서는 이런 현상을 한계효용 체감의 법칙으로 설명합니다. 처음에는 큰 기쁨을 주던 것이 시간이 지나면 점점 덜 만족스럽게 느껴진다는 원리입니다. 새로 산 운동화가 처음엔 너무 좋다가 며칠 지나면 익숙해지는 것처럼 말이죠. 파우스트 역시 더 큰 부와 권력을 얻을수록 행복의 효용은 희미해졌습니다.

그의 선택은 또 다른 개념을 떠올리게 합니다. 바로 기회비용입니다. 유한한 자원을 어디에 쓸지 결정할 때 포기해야 하는 다른 선택의 가치입니다. 파우스트는 끝없는 욕망을 얻기 위해 영혼이라는 가장 소중한 자원을 내놓았습니다. 그의 비극은 인간의 선택이 가진 경제적 진실을 그대로 비추는 거울과도 같습니다.

결국 《파우스트》는 단순한 비극을 넘어, 욕망을 좇는 인간의 경제학적 초상화를 보여줍니다. 욕망은 늘 새로운 만족을 약속하지만, 그 끝에는 종종 공허가 기다립니다. 괴테는 조용히 묻습니다. "당신은 무엇을 얻으려 하고, 무엇을 잃고 있는가?" 이것은 파우스트에게만 던진 질문이 아닙니다. 더 빠른 성공, 더 화려한 삶을 좇는 오늘의 우리에게도 그대로 이어지는 물음입니다.

그래서 중요한 것은 더 많은 것을 쌓는 일이 아니라, 유한한 삶 속에서 만족과 의미의 균형을 찾는 일입니다. 이것이야말로 경제학이 말하는 지속 가능성이며, 우리가 잊고 있던 '행복의 경제학'입니다.

끝없는 욕망과 한정된 시간, 선택의 경제학

만약 인간의 욕망에 끝이 없다면, 그 욕망을 채워 줄 자원도 끝없이 존재할 수 있을까요? 안타깝게도 현실은 그렇지 않습니다. 우리가 살아가는 세계에서 자원은 언제나 한정되어 있습니다. 이처럼 끝없는 욕구와 유한한 자원 사이의 간극, 이것을 경제학에서는 희소성(Scarcity)이라고 부릅니다. 경제학의 출발점은 바로 이 불편한 사실을 인정하는 데서 시작됩니다.

이 개념을 가장 상징적으로 보여주는 존재가 있습니다. 바로 '화수분'입니다. 우리 전통 설화 속 화수분은 아무리 꺼내도 줄어들지 않는 신비한 그릇입니다. 사람들은 현실에서는 결코 가질 수 없는 '무한한 자원'을 상상하며, 부족함 없는 풍요를 꿈꿔 왔습니다. 화수분은 인간의 욕망이 만들어 낸 이상적인 상상물인 셈입니다.

하지만 현실의 자원은 화수분과 다릅니다. 늘 부족하고, 언제나 선택을 요구합니다. 그래서 우리는 끊임없이 고민합니다. 무엇을 먼저 쓰고, 무엇을 나중으로 미룰 것인가. 중요한 점은 희소성이 단순히 '물건이 적다'는 뜻이 아니라는 사실입니다. 사막에서의 물 한 병은 생명과도 같지만, 홍수 지역의 물은 오히려 짐이 됩니다. 즉 희소성이란 자원의 절대량이 아니라, 욕망과 자원의 관계, 다시 말해 불균형 상태를 의미합니다.

이 불균형 속에서 우리는 늘 선택을 해야 하고, 선택의 순간마다 어떤 가치를 포기합니다. 그때 사라지는 가치가 바로 기회비용입니다. 그래서 경제학은 흔히 '돈의 학문'이 아니라 '선택의 학문'이라 불립니다. 애덤 스미스를 비롯한 경제학자들이 탐구한 것도 결국, 이 희소한 자원을 어떻게 나누고 배분해야 사회 전체의 만족이 커질 수 있는가라는 질문이었습니다.

이 원리는 돈이나 물건에만 적용되지 않습니다. 오히려 우리 삶에서 가장 강력하게 희소성을 느끼게 하는 자원은 따로 있습니다. 바로 시간입니다. '공부할 시간이 부족해.' '하루가 너무 짧아.' 이런 말들은 모두 우리가 희소성 한가운데에 서 있다는 신호입니다. 하루 24시간은 누구에게나 똑같이 주어지지만, 그 시간을 어떻게 쓰느냐에 따라 삶의 밀도는 완전히 달라집니다.

하교 후 남은 2시간을 떠올려 봅시다. 넷플릭스를 볼지, 시험공부를 할지 고민하는 바로 그 순간이 희소성의 현장입니다. 둘 다 하고 싶지만, 동시에 할 수는 없습니다. 공부를 선택하면 즐거운 시청 시간이 사라지고, 넷플릭스를 선택하면 성취와 안정이라는 보상이 사라집니다. 이때 포기한 것이 바로 기회비용입니다. 우리는 매일 이런 선택을 수없이 반복하며 살아갑니다.

그래서 '시간은 돈이다(Time is money)'라는 말은 단순한 비유가 아닙니다. 희소성을 이해한다는 것은 부족함을 탓하는 일이 아니라, 무엇을 우선순위에 둘 것인가를 스스로 결정할 수 있는 힘을 기르는 일입니다. 만족도 높은 삶은 더 많은 것을 가지는 데서 시작되지 않습니다. 한정된 시간과 자원 속에서, 가장 중요한 것을 선택할 줄 아는 능력에서 시작됩니다.

욕망을 인정하고, 선택의 대가를 계산하는 지혜

인간은 누구나 파우스트의 주인공처럼 살아갑니다. 더 알고 싶고, 더 가지고 싶고, 더 나은 삶을 꿈꾸는 욕망은 인간의 결함이 아니라 본성입니다. 문제는 그 욕망을 받아줄 무대가 언제나 넉넉하지 않다는 데 있습니다. 현실의 자원은 늘 한정되어 있기 때문입니다. 돈은 무한하지 않고, 시간은 되돌릴 수 없으며, 에너지와 집중력마저도 쉽게 고갈됩니다.

경제학은 바로 이 불편한 조건 속에서 출발합니다. 모든 것을 가질 수 없는 세계에서, 어떻게 하면 가장 합리적인 행복에 가까워질 수 있을까. 경제적으로 생각한다는 것은 욕망을 억누르거나 포기하라는 뜻이 아닙니다. 오히려 지금의 나에게 무엇이 가장 중요하고 가치 있는가를 분명히 인식하는 일에 가깝습니다. 진짜 원하는 것이 분명해질수록, 선택의 순간에서 우리는 덜 흔들립니다.

경제학은 우리에게 끊임없이 같은 질문을 던집니다.

'이 선택을 함으로써 나는 무엇을 얻고, 무엇을 잃는가?'

이 질문은 단순해 보이지만, 삶의 방향을 바꿀 만큼 강력합니다. 희소성을 극복하는 방법은 자원이 갑자기 늘어나는 데 있지 않습니다. 선택의 대가를 정확히 알고, 그 결과를 기꺼이 받아들이는 태도에 있습니다. 선택에는 언제나 비용이 따르지만, 그 비용을 인식하는 순간 선택은 후회가 아니라 책임이 됩니다.

우리가 가진 것은 모두 한정되어 있습니다. 그러나 그 한정된 조건 안에서 어떤 선택을 하느냐에 따라 삶의 질은 크게 달라집니다. 특히 가장 희소한 자원은 언제나 시간입니다. 오늘 하루, 여러분은 이 시간을 어디에 썼나요? 그리고 그 선택으로 인해 무엇을 내려놓았나요?

경제학은 숫자를 계산하는 학문이 아니라, 바로 이런 질문에 답해 가는 여정입니다. 결국 경제학이 가르치는 것은 단 하나입니다. 인간이 더 현명하게 선택하고, 그 선택 위에서 자신의 삶과 행복을 스스로 설계해 가는 기술. 그것이 경제학의 가장 인간적인 얼굴입니다.

2장

합리적 선택의 미학

01 무엇을 버릴 것인가: 기회비용의 철학 ―《아이네이스》

선택에는 늘 대가가 따른다 ― 기회비용과 매몰 비용의 이야기

우리는 하루에도 수없이 선택합니다. 짜장면을 먹을지 짬뽕을 먹을지, 지금 직장에 남을지 새로운 길을 택할지, 주식에 투자할지 예금에 넣을지. 하나하나만 보면 사소한 결정처럼 보입니다. 하지만 이 모든 순간에는 공통점이 있습니다. 바로 어떤 선택이든, 반드시 보이지 않는 대가를 동반한다는 점입니다.

이 사실을 가장 단순하면서도 날카롭게 표현한 말이 있습니다.

'공짜 점심은 없다(There is no such thing as a free lunch).' 이 문장은 경제학자 밀턴 프리드먼을 통해 널리 알려진 경제학의 경구입니다. 뜻은 분명합니다. 우리가 무엇인가를 얻었다면, 그 뒤에는 반드시 우리가 포기한 무언가가 있다는 것입니다. 선택이란 언제나 '얻음'과 '포기'를 동시에 포함합니다.

이때 포기한 것들 가운데 가장 가치 있는 선택지, 그것을 경제학에서는 기회비용이라고 부릅니다. 짜장면을 고르는 순간 사라진 짬뽕의 만족, 예금을 선택하면서 내려놓은 주식 수익의 가능성. 기회비용은 눈에 보이지 않지만, 모든 선택 뒤에 조용히 따라붙습니다. 그래서 기회비용은 늘 미래를 향해 있습니다. 앞으로의 판단을 더 신중하게 만들기 위한 개념이기 때문입니다.

반면, 이미 지나가 버린 비용도 있습니다. 되돌릴 수 없고, 다시 선택할 수도 없는 비용. 이것을 매몰 비용(Sunk Cost) 이라고 합니다. 이미 사 버린 영화표, 손실이 난 뒤에도 회수할 수 없는 투자금이 여기에 해당합니다. 문제는 우리가 종종 이 매몰 비용에 발목을 잡힌다는 점입니다. '여기까지 쓴 게 아까워서'라는 이유로, 더 나쁜 선택을 이어 가는 경우가 적지 않습니다.

그래서 경제학은 분명히 말합니다. 기회비용은 고려해야 하지만, 매몰 비용은 내려놓아야 한다고. 기회비용은 미래를 위한 판단이고, 매몰 비용은 과거에 대한 미련입니다. 이 둘을 구분할 수 있을 때, 우리는 비로소 감정이 아니라 기준에 따라 선택할 수 있게 됩니다.

결국 경제학이 가르치는 선택의 기술은 복잡하지 않습니다. 이미 지나간 것에 묶이지 않고, 지금의 선택이 앞으로 어떤 가능성을 열고 닫는지를 묻는 것. 그 질문을 던질 수 있는 순간, 우리는 조금 더 합리적인 삶에 가까워집니다.

사랑과 사명 사이의 선택: 《아이네이스》가 보여주는 '기회비용'의 진실

고대 로마의 서사시 《아이네이스(Aeneis)》는 전쟁 영웅 아이네아스(Aeneas)가 사랑과 사명 사이에서 내리는 선택을 통해, 경제학의 핵심 개념인 기회비용을 상징적으로 보여주는 작품입니다. 트로이 전쟁의 패잔병이자 로마 건국의 운명을 지닌 그는 여정 중 카르타고의 여왕 디도(Dido)를 만나 사랑에 빠집니다. 디도에게 아이네아스는 위로였고, 새로운 삶의 희망이었습니다. 그들의 사랑은 전쟁의 상처를 덮는 온기처럼 보였지만 신의 명령은 냉정했습니다. 아이네아스는 결국 사랑을 떠나 사명을 향해 나아가야 했습니다.

이 선택은 한 여인을 잃는 일이자, 한 제국을 세우는 일이었습니다. 이 장면은 경제학의 기본 원리를 그대로 보여주는 듯합니다. 어떤 것을 얻기 위해 다른 가치를 포기해야 한다는 것, 바로 기회비용의 원리입니다. 아이네아스가 로마를 택한 것은 단순한 의무가 아니라, 그의 마음속 '효용 계산'에서 공공적 사명이 개인적 행복보다 더 큰 가치를 지녔다고 판단했기 때문입니다. 그는 개인의 욕망을 사회적 가치와 맞바꿨습니다. 하지만 그 대가는 디도의 절망과 자신의 공허함, 그리고 두 사람에게 영원히 남은 상처였습니다.

로마의 덕목 피에타스(Pietas)—신과 조국에 대한 헌신—은 결국 개인의 희생 위에 세워진 가치였습니다. 아이네아스는 합리적인 선택을 했지만, 그 선택은 인간적인 따뜻함을 조금씩 앗아갔습니다. 그리고 이 오래된 이야기는 오늘의 우리에게도 그대로 이어집니다. 더 큰 성공을 위해 가족과의 저녁을 포기하고, 안정을 버리고 도전을 택하며, 우리는 매일 작고 조용한 아이네아스의 선택을 하고 있습니다. 대학 입시를 위해 친구와의 약속을 취소하거나, 새 휴대폰을 사고 싶은 마음을 참으며 장기적인 목표를 위해 돈을 모을 때, 그 순간 포기한 가치가 바로 기회비용입니다.

결국 《아이네이스》는 단순한 영웅 이야기로 끝나지 않습니다. 이것은 '선택의 경제학'을 다룬 인간의 이야기입니다. 아이네아스는 장기적 효용을 위해 단기적 행복을 버렸지만, 그의 눈물은 한 가지 질문을 남깁니다. "합리적인 선택이 과연 행복한 선택일까?" 그는 로마를 세웠지만, 마음속의 로마는 무너졌습니다. 그래서 이 작품은 조용히 묻습니다. 진정한 합리성은 더 많은 것을 얻는 데 있는 것이 아니라, 무엇을 잃지 않기 위해 무엇을 포기할지 아는 데 있습니다.

아이네아스의 여정은 결국 우리의 이야기입니다.

"무엇을 얻을 것인가"보다 "무엇을 지킬 것인가"를 묻는 이 오래된 질문은, 오늘도 우리의 삶 한복판에서 계속 울리고 있습니다.

선택으로 '만족'을 얻고, 포기로 '비용'을 계산하는 법

'숲속에 두 갈래 길이 있었다고,

나는 사람이 적게 간 길을 택하였다고,

숲속에 두 갈래 길

그리고 그것 때문에 모든 것이 달라졌다고.'

이 문장은 오래도록 사람들의 마음에 남아 있습니다. 로버트 프로스트(Robert Frost)의 시 《가지 않은 길(The Road Not Taken)》은 우리가 인생에서 마주하는 선택의 순간을 상징적으로 보여줍니다. 어느 길을 고르든, 그 순간 우리는 다른 한 길을 내려놓습니다. 그리고 선택하지 않은 그 길은 종종 아쉬움과 함께 마음 한편에 남습니다. 이 감정은 단순한 후회가 아니라, 경제학이 말하는 중요한 개념과 맞닿아 있습니다. 바로 기회비용입니다.

그렇다면 기회비용이란 무엇일까요? 기회비용은 한 가지를 선택함으로써 포기한 것들 가운데, 가장 가치가 큰 대안의 가치를 뜻합니다. 말로 들으면 조금 복잡해 보이지만, 우리의 일상으로 가져오면 이해는 훨씬 쉬워집니다.

예를 들어 용돈 1만 원을 손에 쥐고 고민해 봅시다. 떡볶이를 먹을지, 영화를 볼지. 결국 떡볶이를 선택했다면, 이 선택의 진짜 비용은 무엇일까요? 단순히 1만 원이 아닙니다. 포기한 것은 '영화를 볼 수 있었던 기회'입니다. 따라서 이 선택의 기회비용은 영화 관람이 됩니다. 경제학은 바로 이 지점을 강조합니다. 우리가 계산해야 할 것은 지갑에서 빠져나간 돈만이 아니라, 선택하지 않은 가능성의 가치라는 점입니다.

이 개념을 극적으로 보여주는 장면은 역사 속에도 등장합니다.

고대 로마의 장군 율리우스 카이사르가 루비콘강 앞에 섰을 때의 이야기입니다. 그는 강을 건너며 이렇게 말합니다. '주사위는 던져졌다(Alea iacta est).' 이 한마디에는 중대한 의미가 담겨 있습니다. 강을 건너는 순간, 그는 로마로 돌아가 원로원의 판단을 받을 수 있는 가장 안전한 선택지를 완전히 포기했습니다. 대신 내전이라는 불확실한 미래를 선택했습니다. 이때 포기된 가장 큰 대안의 가치, 그것이 바로 카이사르의 기회비용이었습니다.

합리적인 선택이란 언제나, 선택으로 얻는 만족이 기회비용보다 클 때 이루어집니다. 그래서 기회비용은 과거를 돌아보는 개념이 아니라, 현재의 선택이 미래에 어떤 영향을 미칠지를 묻는 질문입니다. 지금의 결정 하나가 시간이 지나 큰 차이를 만들어낼 수 있다는 점에서, 기회비용은 나비효과처럼 작지만 강력한 힘을 가집니다.

경제학자들이 말하는 '합리적인 선택'이란 결국, 기회비용이 가장 작은 선택을 고르는 일입니다. 순간의 쾌락 때문에 더 큰 가능성을 내려놓고 있지는 않은지, 우리는 늘 스스로에게 물어야 합니다. 선택은 늘 지금 이 순간에 이루어지지만, 그 무게는 언제나 미래를 향해 있기 때문입니다.

'매몰 비용'이라는 족쇄: 이미 지난 일에 대한 집착

러시아의 대문호 이반 투르게네프(Ivan Turgenev)의 소설 《아버지와 아들(Fathers and Sons)》은 19세기 러시아 사회를 가로지르는 깊은 균열을 보여줍니다. 구세대와 신세대, 전통과 변화가 정면으로 충돌하는 세계입니다. 작품 속 아버지 세대는 시대가 바뀌고 있음을 느끼면서도, 자신들이 평생 붙들어 온 가치와 삶의 방식을 쉽게 내려놓지 못합니다. 그들에게 과거는 단순한 추억이 아닙니다. 자신이 무엇을 믿고 어떻게 살아왔는지를 증명해 주는 정체성 그 자체이기 때문입니다.

이 모습은 경제학에서 말하는 매몰 비용의 오류(Sunk Cost Fallacy)를 상징적으로 보여줍니다. 매몰 비용이란 이미 지출되어 다시는 되돌릴 수 없는 비용을 말합니다. 흔히 '엎질러진 물'에 비유되죠. 경제학의 관점에서 보면, 이 비용은 이미 끝난 과거이기에 더 이상 판단의 기준이 되어서는 안 됩니다. 하지만 현실의 인간은 다릅니다. '여기까지 해 왔는데', '이만큼 투자했는데'라는 생각이 발목을 잡아, 더 나은 선택을 미루게 만듭니다. 투르게네프의 아버지들처럼, 과거에 들인 시간과 노력이 아까워 새로운 길을 주저하는 순간이 바로 매몰 비용의 함정입니다.

이 오류는 우리 일상에서도 쉽게 발견됩니다. 영화관에서 지루한 영화를 보고 있을 때를 떠올려 봅시다. 이미 지불한 영화표 값은 매몰 비용입니다. 그 돈은 돌아오지 않습니다. 그런데도 '돈이 아까워서' 끝까지 자리를 지킨다면, 우리는 또 다른 자원을 잃게 됩니다. 바로 시간입니다. 남은 시간을 다른 일에 쓰는 편이 더 큰 만족을 줄 수 있음에도, 과거의 지출이 현재의 선택을 지배하는 셈입니다.

손실이 확실해진 주식을 '지금까지 투자한 돈이 아까워서' 팔지

매몰 비용

못하는 경우도 마찬가지입니다. 고장이 잦은 기계를 계속 고치거나, 이미 방향이 틀어진 계획을 억지로 밀어붙이는 선택 역시 같은 논리에서 나옵니다. 이런 결정들은 과거에 묶여 있는 동안, 미래의 기회를 조용히 빼앗아 갑니다.

그래서 경제학은 분명히 말합니다. 현명한 선택이란, 이미 엎질러진 물을 붙잡는 것이 아니라 앞으로 얻을 수 있는 효용에 집중하는 것이라고. 과거의 손실을 기준으로 삼는 순간, 선택은 감정이 되지만, 미래의 가치를 기준으로 삼는 순간 선택은 판단이 됩니다. 합리적인 사고란 단순히 돈을 아끼는 태도가 아닙니다. 지나간 것에 매달리지 않고, 앞으로의 가능성에 더 큰 가치를 두는 데서 시작됩니다.

과거를 잊고 미래의 효용을 선택하라

기회비용은 이렇게 묻습니다. '더 큰 만족을 얻기 위해, 나는 무엇을 포기하고 있는가?' 반면 매몰 비용은 전혀 다른 이야기를 합니다. 이미 써버려서 되돌릴 수 없는 시간과 돈, 그리고 노력에 관한 이야기입니다. 경제적으로 현명한 사람은 이 둘을 분명히 구분합니다. 과거에 얼마나 애썼는지가 아니라, 지금과 앞으로 무엇이 더 큰 만족을 주는지를 기준으로 선택합니다.

잠시 멈춰서 생각해 봅시다. 지금 하고 있는 일이나 관계, 혹은 습관 가운데 '여기까지 들인 게 아까워서' 그만두지 못하고 있는 것은 없나요? 만약 그렇다면, 우리는 이미 매몰 비용의 덫에 한 발 들어가 있는지도 모릅니다. 중요한 사실은 단 하나입니다. 지나간 시간과 돈은 어떤 선택을 해도 돌아오지 않는다는 점입니다.

그래서 현명한 결정의 기준은 바뀌어야 합니다. '지금까지 얼마나 투자했는가'가 아니라, '앞으로 이 선택이 나에게 얼마나 큰 가치를 줄 것인가'입니다. 공부든, 인간관계든, 투자든 마찬가지입니다. 과거의 비용은 이미 끝난 이야기이고, 판단의 기준이 될 수 없습니다.

더 이상 흥미를 느끼지 못하는 동아리 활동을 억지로 이어 가는 일, 손실이 분명한 투자를 '아까워서' 계속 붙잡는 일은 합리적인 선택이 아닙니다. 엎질러진 물은 다시 담을 수 없기 때문입니다. 중요한 것은 지금 이 순간부터 어디로 향할 것인가입니다.

경제학의 지혜는 결국 하나의 방향을 가리킵니다.

과거의 후회에 머무르지 말고, 미래의 가능성을 기준으로 선택하라는 것. 그 선택이 쌓일 때, 삶의 만족도 역시 조금씩 다른 방향으로 흘러가기 시작합니다.

'얼마나 더?'라는 질문의 경제학 ─ 한계 분석의 세계

우리는 앞선 이야기들을 통해 경제학의 가장 기본적인 질문들을 하나씩 지나왔습니다. 희소성, 기회비용, 그리고 매몰 비용. 이 세 가지 개념은 공통된 결론으로 우리를 이끕니다. 합리적인 선택이란 이미 써버린 과거의 비용에 매달리는 것이 아니라, 지금 이 순간 기준으로 더 큰 만족, 더 큰 효용을 주는 쪽을 택하는 일이라는 점입니다.

하지만 현실의 선택은 교과서처럼 깔끔하지 않습니다. 문제는 언제나 여기서 시작됩니다.

'그래서, 얼마나 더 해야 할까?'

프로젝트에 자금을 더 투입해야 할까, 아니면 멈춰야 할까.

오늘은 몇 시간 더 공부하는 것이 정말 도움이 될까.

우리는 늘 '예, 아니오'가 아니라 '얼마나 더(How much more)'라는 질문 앞에 서게 됩니다.

바로 이 지점에서 경제학은 한 단계 더 깊이 들어갑니다. 이때 필요한 사고방식이 한계 분석(Marginal Analysis)입니다. 한계 분석이란 거창한 계산법이 아닙니다. '조금 더' 행동했을 때 얻는 추가적인 이익과, 그로 인해 치러야 하는 추가적인 비용을 비교하는 생각의 틀입니다. 핵심은 전체가 아니라 마지막 한 단위에 있습니다. 더 보태는 것이 과연 이득인지, 아니면 이미 지나친 것인지 묻는 방식입니다.

이 개념은 우리의 소비 습관을 설명하고, 기업의 생산 결정을 움직이며, 인간의 끝없는 욕망마저 이해하게 만듭니다. 그리고 이 질문은 놀랍게도 오래된 문학 작품 속에서도 날카롭게 드러납니다. 인간의 욕망이 어디까지 허용될 수 있는지를 극단적으로 보여주는 이야기, 윌리엄 셰익스피어의 비극 맥베스가 바로 그것입니다.

이제부터 우리는 '조금 더'의 욕망이 어디에서 합리성을 잃고 파국으로 향하는지를, 맥베스의 선택을 따라가며 살펴보려 합니다. 경제학은 숫자로 시작하지만, 결국 인간의 마음과 욕망을 향해 질문을 던지는 학문이기 때문입니다.

욕망의 한계효용, 《맥베스》가 그린 불행의 경제학

윌리엄 셰익스피어(William Shakespeare)의 비극 《맥베스(Macbeth)》는 인간의 욕망이 한계를 넘을 때 어떤 대가를 치르게 되는지를 보여주는 대표적인 작품입니다. 하지만 이 이야기는 단순한 권력 극이 아닙니다. 욕망의 만족이 점점 줄어드는 과정을 통해, 경제학의 근본 원리인 '한계효용 체감의 법칙'을 가장 드라마틱하게 드러낸 사례이기도 합니다.

맥베스

왕좌를 손에 넣은 순간, 맥베스의 행복은 절정에 이릅니다. 평범한 장수가 왕이 되었을 때 느낀 짜릿한 성취감, 그 순간만큼은 세상이 온전히 자기 것처럼 느껴졌습니다. 이때의 권력은 그에게 '첫 번째 피자 조각'과도 같았습니다. 가장 맛있고, 가장 강렬하며, 다시는 돌아오지 않을 만족. 경제학적으로 말하면 권력의 한계효용이 가장 높은 순간이었습니다.

하지만 그 기쁨은 금세 흔들립니다. 뱅코우의 존재가 그의 마음에 불안을 드리우자 "이 왕좌가 정말 내 것일까?"라는 의심이 시작됩니다. 그는 권력을 지키기 위해 더 많은 사람을 의심하고, 더 많은 피를 흘립니다. 그러나 살인이 늘어날수록 만족은 줄어듭니다. 첫 왕관이 주던 희열은 사라지고, 남은 것은 불안과 죄책감뿐입니다. 효용은 줄었지만, 비용은 커진 셈입니다. 그가 가진 권력은 더는 행복을 주지 못하고, 오히려 고통의 원인이 되어갑니다. 이것이 바로 한계효용 체감의 법칙이 인간의 심리에 그려 놓은 곡선입니다.

시간이 흐르면서 맥베스는 권력에서 더 이상 만족을 느끼지 못합니다. 그럼에도 그의 발걸음은 멈추지 않습니다. 욕망이 마치 중독처럼 그를 사로잡고 있기 때문입니다. 만족이 0에 가까워져도 더 많은 '다음 단계'를 요구합니다. 우리가 새로운 스마트폰을 산 뒤 얼마 지나지 않아 또 다른 모델을 찾고, 이미 충분히 옷이 있어도 쇼핑 앱을 습관처럼 여는 것과 같습니다. 더 많이 가져도 행복은 늘지 않지만, 잃는 순간을 두려워해 계속 소비하게 되는 심리와 닮아 있습니다. 맥베스의 칼날은 타인을 향한 것이 아니라, 자신의 불안을 겨우 붙잡아 두려는 몸부림에 가까웠습니다.

셰익스피어는 맥베스를 통해 인간의 욕망 곡선을 정확하게 그립니다. 처음엔 가파르게 상승하던 효용이 어느 순간부터 서서히 줄어들고, 마침내 하락하기 시작합니다. 곡선의 끝은 비극입니다. 더 많이 가지려는 욕망은 결국 자신이 가진 것마저 갉아 먹습니다. 그래서 진짜 지혜는 더 많은 것을 손에 넣는 기술이 아니라, 언제 멈춰야 할지를 아는 판단력입니다. 이것이 경제학이 말하는 행복의 합리성입니다.

셰익스피어는 이를 인간의 언어로 설명했고, 경제학은 이를 그래프로 표현했습니다. 그리고 두 세계는 똑같이 말합니다.

"가장 위험한 욕망은 이미 충분한 것을 잊게 만드는 욕망이다."

"조금 더 할까, 말까?" — 합리적 선택의 비밀

우리는 이미 알고 있습니다. 모든 선택은 결국 얻는 이익과 지불하는 비용을 맞바꾸는 일이라는 사실을요. 경제학에서는 이를 트레이드오프(Trade-off)라고 부릅니다. 무엇을 더 얻기 위해서는, 반드시 무엇인가를 덜 가져야 합니다. 한계 분석은 바로 이 트레이드오프 속에서 가장 합리적인 멈춤 지점을 찾아주는 도구입니다. 쉽게 말해, '조금 더 했을 때 과연 이득일까?'를 따져보는 경제학적 사고의 돋보기입니다.

한계 분석은 어떤 행동을 할지 말지를 묻지 않습니다. 대신 이렇게 묻습니다.

'조금 더 할까, 여기서 멈출까?'

이 질문에 답하기 위해 경제학은 두 가지 핵심 개념을 제시합니다.

첫째는 한계 편익(Marginal Benefit, MB)입니다. 이는 어떤 행동이나 생산량을 한 단위 더 늘렸을 때 추가로 얻는 이익이나 만족을 뜻합니다. 예를 들어 공부를 한 시간 더 했더니 이해가 깊어지거나 점수가 오를 가능성이 커졌다면, 바로 그 증가분이 한계 편익입니다. 중요한 점은 '전체 효과'가 아니라 마지막 한 시간이 만들어 낸 변화에 주목한다는 것입니다.

둘째는 한계 비용(Marginal Cost, MC)입니다. 이는 같은 행동을 한 단위 더 늘리기 위해 추가로 치러야 하는 대가입니다. 공부를 한 시간 더 하면서 잠을 덜 자야 하거나, 피로가 쌓이고 집중력이 떨어진다면, 그것이 바로 한계 비용입니다. 시간, 체력, 스트레스, 돈까지 모두 비용이 될 수 있습니다.

경제학이 말하는 합리적인 선택은 단순합니다.

한계 편익이 한계 비용보다 크거나 같을 때까지 행동을 계속하라.

공부를 더 했을 때 얻는 점수 상승의 가치가 피로와 수면 부족보다 크다면, 그 선택은 이득입니다. 하지만 어느 순간부터 더 공부해도 성과는 거의 늘지 않고 피로만 커진다면, 그때는 상황이 바뀝니다. 한계 비용이 한계 편익을 넘어서는 순간, 더 하는 것이 오히려 손해가 되는 것입니다.

그래서 가장 효율적인 지점은 한계 편익과 한계 비용이 같아지는 순간, 즉 MB = MC가 되는 지점입니다. 이곳이 바로 경제학이 말하는 최적의 선택점입니다. 더도 말고, 덜도 말고, 지금이 가장 합리적인 균형점이라는 뜻입니다.

이 사고방식은 경제 문제에만 쓰이지 않습니다. 공부 시간 조절, 소비 결정, 운동 강도, 휴식과 노력의 균형까지―우리 일상 거의 모든 선택에 적용됩니다. 언제 더 하고, 언제 멈출 것인가를 판단하는 기준이 되어 주기 때문입니다.

이 개념은 19세기 후반 이른바 한계혁명(Marginal Revolution)을 통해 본격적으로 등장했습니다. 당시 경제학자들은 물건의 '총가치'보다 마지막 한 단위가 만들어 내는 추가적인 변화에 주목하기 시작했습니다. 이는 마치 거대한 바다 전체를 보려 하기보다, 해변에 닿는 마지막 물결의 높이를 통해 파도의 힘을 가늠하는 것과 같습니다.

경제학은 이렇게 말합니다.

인생의 문제는 '얼마나 많이'가 아니라, '어디까지가 적당한가'를 아는 데서 풀린다.

한계 분석은 바로 그 경계를 발견하게 해 주는, 경제학의 가장 실용적인 사고 도구입니다.

탐욕을 멈추고 최적의 지점을 찾아라

맥베스의 비극이 보여주듯, 인간은 종종 멈춰야 할 순간을 지나쳐 버립니다. 이미 얻는 만족은 줄어들고 있는데도, 더 가지려는 욕망 때문에 앞으로 나아갑니다. 그 결과는 파국입니다. 이 장면은 단지 문학 속 이야기가 아니라, 우리의 자원 관리에도 그대로 적용됩니다. 중요한 것은 '얼마나 열심히 하느냐'가 아니라, 언제 멈출 줄 아느냐입니다. 그리고 그 판단의 기준이 바로 한계 분석입니다.

공부를 예로 들어 봅시다. 한 시간 더 공부했을 때 얻는 성적 향상이나 이해의 깊이, 이것이 한계 편익(MB)입니다. 반면, 잠을 줄이면서 쌓이는 피로와 집중력 저하는 한계 비용(MC)입니다. 이때 한계 편익이 한계 비용보다 크다면, 더 공부하는 선택은 합리적입니다. 하지만 피로가 누적되어 머리가 더 이상 돌아가지 않고, 노력 대비 성과가 거의 늘지 않는 순간이 옵니다. 바로 그때, 한계 비용이 한계 편익을 넘어섭니다. 이 지점이 곧 최적의 효율점이며, 멈춰야 할 이유가 분명해지는 순간입니다.

기업의 선택도 다르지 않습니다. 기업은 생산량을 무한히 늘리지 않습니다. 물건을 한 단위 더 만들 때 드는 비용이, 그로 인해 얻는 추가 수익보다 커지는 순간이 오기 때문입니다. 그래서 기업은 한계 비용이 한계 수익을 넘지 않는 범위까지만 생산합니다. 더 많이 만드는 것이 아니라, 가장 알맞게 만드는 것이 목표입니다.

결국 한계 분석이 우리에게 가르치는 메시지는 분명합니다.

'더 많이'가 아니라, '더 알맞게'.

탐욕은 효용을 깎아 먹고, 균형은 만족을 지켜 줍니다. 맥베스가 몰락한 이유는 능력이 부족해서가 아니라, 멈춰야 할 순간을 지나쳤기 때문입니다.

오늘 하루를 돌아보며 한 번쯤 물어볼 수 있습니다.

어떤 선택에서 나는 한계 편익(MB) ≥ 한계 비용(MC)의 원칙을
지키고 있었을까?

한계 분석은 단순한 경제 공식이 아닙니다. 삶의 속도를 조절하
고, 리듬을 지켜 주는 사고의 기준입니다. 지금 이 순간에도 우리
의 선택은 조용히, 한계 편익과 한계 비용의 저울 위에 올라가

3장

사회는 어떻게 굴러가는가

01 인간의 세 가지 근본적 선택 —《세 가지 질문》

경제의 주인공은 누구인가

지금까지 우리는 희소성, 기회비용, 한계 분석을 통해 합리적인 개인의 선택이 무엇인지를 배워왔습니다. 하지만 여기서 한 걸음 더 나아가야 합니다. 경제는 결코 혼자서 이루어지지 않기 때문입니다. 수많은 개인의 선택이 겹치고 얽히며, 하나의 거대한 무대를 만들어 냅니다. 그렇다면 이 무대의 진짜 주인공은 누구일까요? 그리고 그들은 어떤 질문에 답하며 움직일까요?

이 질문은 곧 경제가 반드시 해결해야 하는 자원 배분의 문제로 이어집니다. 무엇을 만들 것인가, 어떻게 만들 것인가, 그리고 누구를 위해 만들 것인가. 이 세 가지 질문은 모든 경제가 피해 갈수 없는 기본 문제입니다. 그리고 이 질문에 답하는 과정에서 등장하는 주연 배우가 바로 가계, 기업, 정부입니다.

가계는 경제의 출발점입니다. 노동력을 제공하고, 소득을 얻으며, 소비를 통해 시장에 신호를 보냅니다. 무엇을 사고, 무엇을 사지 않는지가 곧 '무엇이 필요하고, 무엇이 필요 없는가'를 말해 줍니다. 기업은 이 신호를 받아 움직입니다. 가계가 제공한 노동과 자원을 활용해 재화와 서비스를 생산하고, 이윤을 통해 다시 선택의 결과를 확인합니다. 정부는 이 둘 사이에서 세금을 걷고 규칙을 세우며, 경제가 무너지지 않도록 전체 질서를 조정합니다.

이 세 주체의 관계는 마치 하나의 연극과도 같습니다. 어느 한 역할만으로는 이야기가 완성되지 않습니다. 가계가 움직이지 않으면 시장은 멈추고, 기업이 생산하지 않으면 선택지는 사라지며, 정부의 제도가 없다면 질서는 쉽게 흔들립니다. 각자의 역할은 다르지만, 서로를 전제로 존재합니다.

그래서 경제는 단순한 개인의 계산을 넘어, 관계의 시스템으로 작동합니다. 가계의 선택은 기업의 결정을 바꾸고, 기업의 행동은 정부의 정책을 자극하며, 정부의 제도는 다시 가계와 기업의 선택 범위를 규정합니다. 이렇게 돈과 자원, 선택이 끊임없이 순환하면서 우리가 살아가는 경제의 무대는 돌아갑니다.

이제 경제학의 질문은 이렇게 바뀝니다.

'나는 합리적으로 선택했는가?'에서 '우리의 선택은 어떤 구조를 만들고 있는가?'로.

경제는 바로 이 지점에서, 개인의 지혜를 넘어 사회를 이해하는 학문이 됩니다.

소비는 경제의 심장이다

1929년, 세계는 깊은 침묵 속으로 빠져들었습니다. 대공황(Great Depression) 이후 사람들은 일자리를 잃었고, 불안은 소비를 멈추게 했습니다. 돈은 돌지 않았고, 경제는 마치 멈춰 선 시계처럼 움직이지 않았습니다. 모두가 허리를 졸라매야 한다고 믿던 그때, 한 경제학자가 전혀 다른 질문을 던집니다. 바로 존 메이너드 케인스였습니다. 그는 1931년 라디오 방송을 통해 이렇게 말했습니다. '여러분, 소비를 해야 경제가 회복됩니다.'

당시로서는 파격적인 주장입니다. 모두가 절약을 외칠 때, 그는 소비를 말했습니다. 케인스의 논리는 단순하지만 강력했습니다. 소비가 늘어나면 기업은 다시 생산을 시작하고, 성산이 늘면 일자리가 생기며, 그 일자리가 다시 소비를 만듭니다 끊어진 고리를 다시 잇는 출발점이 바로 소비라는 것이었습니다. 그는 '절약은 미덕'이라는 오래된 믿음 대신, '소비는 경제의 언진'이라는 새로

박제가의 우물론

운 관점을 제시했습니다.

흥미로운 점은, 이런 통찰이 서양 경제학자에게서만 나온 것이 아니라는 사실입니다. 18세기 조선에서도 비슷한 생각을 한 인물이 있었습니다. 실학자 박제가(朴齊家)입니다. 그는 자신의 저서 《북학의(北學議)》에서 이렇게 말했습니다.

'무릇 재물은 우물과 같다. 퍼서 쓸수록 차고, 쓰지 않으면 마른다.'

박제가에게 경제는 고여 있는 저축이 아니라, 끊임없이 움직이는 물이었습니다. 사람들이 소비를 멈추면 시장의 물줄기도 함께 마른다고 보았습니다. 그는 또 이렇게 경고합니다. 비단옷을 입지 않으면 비단을 짜는 사람이 사라지고, 질그릇을 찾지 않으면 기술도 함께 사라진다고. 소비가 멈추는 순간, 기술과 일자리도 함께 사라진다는 통찰이었습니다.

케인스와 박제가는 서로 다른 시대, 다른 장소에 살았지만 하나의 진리를 공유합니다. 경제는 숫자의 집합이 아니라, 사람이 살아 움직이는 순환의 시스템이라는 점입니다. 소비는 낭비가 아니라, 새로운 생산을 불러오는 씨앗입니다. 우리가 물건을 사고, 서비스를 이용하고, 문화를 향유하는 모든 순간은 누군가의 일자리를 지키고, 또 다른 누군가의 기술을 성장시킵니다.

결국 경제의 순환은 정부의 정책이나 기업의 전략만으로 완성되지 않습니다. 시장에 숨을 불어넣는 것은 가계의 소비, 다시 말해 사람들의 선택과 행동입니다. 우리가 무언가를 구매하는 그 순간, 경제는 다시 한 번 우물처럼 채워지고, 사회의 물줄기는 조용히 그러나 분명하게 흐르기 시작합니다.

톨스토이의 깨달음 – 경제가 던지는 세 가지 질문

러시아의 대문호 레프 톨스토이(Leo Tolstoy)의 단편 《세 가지 질문(Three Questions)》은 짧은 이야기처럼 보이지만, 인간이 살아가면서 반드시 마주하게 되는 '선택'의 본질을 깊게 파고드는 작품입니다. 주인공인 한 왕은 완전한 통치를 이루기 위해 세 가지 질문에 대한 답을 찾으려 합니다. "가장 중요한 시간은 언제인가?", "가장 중요한 사람은 누구인가?", "가장 중요한 일은 무엇인가?" 그는 수많은 현자와 철학자를 찾아 헤매지만, 진정한 해답은 한 노인의 따뜻한 손길에서 드러납니다. "가장 중요한 시간은 지금이고, 가장 중요한 사람은 지금 내 곁에 있는 사람이며, 가장 중요한 일은 그 사람에게 선을 행하는 일이다." 이 단순한 결론은 인간의 윤리적 깨달음이면서 동시에 경제학의 핵심 원리를 담고 있습니다. 경제학은 결국 "무엇을 먼저 선택할 것인가"를 묻는 학문이기 때문입니다.

톨스토이의 세 가지 질문은 경제학의 세 가지 물음과 놀라울 만큼 정확하게 연결됩니다. 첫째, 무엇을 생산할 것인가(What to produce)—이는 곧 기회비용의 선택입니다. 우리는 모두 한정된 자원을 어디에 사용할지 선택해야 합니다. 국가는 무기를 만들 수도 있고, 빵을 만들 수도 있습니다. 기업은 광고비를 늘릴 수도 있고, 연구개발에 투자할 수도 있습니다. 학생들은 아침 한 시간을 추가 공부에 쓸지, 휴식에 쓸지 고민합니다. 선택의 순간마다 우리는 가장 가치 있는 것을 포기하며 기회비용을 지불합니다. 톨스토이의 왕이 "지금, 이 순간"을 놓친다면 그가 가진 지혜와 권력은 의미가 없어지듯, 우리가 무엇을 포기하는지가 우리의 미래를 결정합니다.

둘째, 어떻게 생산할 것인가(How to produce)—효율성과 지속 가능성에 대해 생각해 보게 하는 말입니다. 더 빨리, 더 많이 생산하는 기술이 늘고 있지만, 그 과정에서 사라지는 일자리나 훼손되는 자연을 생각하면 단순한 속도 경쟁이 정답이 아님을 알 수 있습니다. 오늘날 기업이 친환경 포장재를 채택하거나, 패션 브랜드가 '무한 소비' 대신 '지속 가능한 생산'을 고민하는 이유도 같습니다. 경제학이 말하는 효율성은 단기 이익의 극대화가 아니라, 모두가 함께 지속할 수 있는 선택을 의미합니다. 톨스토이가 말한 '선(善)'은 바로 이러한 균형의 감각과 닿아 있습니다.

셋째, 누구를 위해 생산할 것인가(For whom to produce) — 형평성과 정의의 문제입니다. 시장은 소득에 따라 물건을 나누지만, 국가는 세금과 복지를 통해 불균형을 조정합니다. 효율과 형평은 늘 충돌하지만, 사회는 그 사이에서 균형점을 찾아야 합니다. 톨스토이의 "가장 중요한 사람은 지금 내 곁에 있는 사람"이라는 말은 경제학적으로 보면 '분배의 정의'를 의미합니다. 경제학은 숫자를 다루는 학문처럼 보이지만, 결국 사람을 위한 선택의 학문임을 일깨워 줍니다.

《세 가지 질문》은 단순한 도덕 이야기를 넘어, 우리가 일상 속에서 끊임없이 내리는 선택들이 모두 경제학적 판단임을 보여줍니다. 무엇을 만들고, 어떻게 만들고, 누구를 위해 나눌 것인가 ― 이 세 가지 물음은 시장의 원리이자 인간의 삶을 이끄는 영원한 질문입니다. 톨스토이의 대답은 짧지만 깊습니다. "가장 중요한 시간은 지금이다." 지금이라는 시간은 한 번 지나면 절대 돌아오지 않는 가장 귀한 자원입니다. 그래서 가장 현명한 선택은 언젠가의 꿈이 아니라, 바로 지금, 이 순간 누군가에게 선한 영향력을 남기는 행동일지도 모릅니다.

개인의 선택에서 시작되는 거대한 경제 시스템

레프 톨스토이의 이야기 속 왕이 끝내 깨달은 것도 이것이었습니다. 가장 중요한 시간은 언제나 '지금'이라는 사실. 경제 역시 다르지 않습니다. 경제는 멀리 떨어진 거대한 체제가 아니라, 우리가 오늘 하루 동안 내리는 수많은 선택이 모여 만들어지는 결과입니다. 아침에 어떤 커피를 고를지, 점심 메뉴를 무엇으로 정할지, 공부를 더 할지 친구를 만날지 고민하는 순간―이 모든 것이 이미 경제의 한 장면입니다.

우리는 하루에도 여러 번 스스로에게 묻습니다. 무엇을 살 것인가, 어떻게 일할 것인가, 누구를 위해 시간과 돈을 쓸 것인가. 이 질문들은 단순한 생활 습관이 아니라, 우리의 가치관을 드러내는 선택입니다. 경제는 돈이나 시장에만 머무르지 않습니다. 우리가 어떤 삶을 살고 싶은지에 대한 판단과 깊이 연결되어 있습니다.

점심 메뉴를 고르는 일은 한정된 돈과 시간 속에서 만족을 최대화하려는 선택입니다. 공부 시간을 정하는 일은 지금의 수고와 미래의 보상을 저울질하는 기회비용의 판단입니다. 친구의 생일 선물을 고민하는 소비는 개인의 기쁨과 관계라는 사회적 가치를 함께 고려하는 경제 행위입니다. 겉보기에는 사소해 보이지만, 이런 선택 하나하나가 경제를 움직이는 실제 힘입니다.

그래서 경제는 정부나 기업만의 영역이 아닙니다. 개인의 선택이 모여 사회의 방향을 만듭니다. 한 사람의 소비가 수요가 되고, 그 수요가 생산을 낳으며, 생산은 다시 일자리와 제도를 만들어 사회 전체로 되돌아옵니다. 경제학은 바로 이 연결 고리를 이해하려는 학문입니다. 개인의 결정이 어떻게 사회적 결과로 이어지는지를 묻는 질문이죠.

이런 의미에서 경제학은 숫자와 그래프에 갇힌 추상적인 이론이 아닙니다. 삶 속에서 매일 작동하는 실천의 과학입니다. '무엇을, 어떻게, 누구를 위해'라는 세 가지 질문은 교과서 속 문장이 아니라, 우리가 매일 마주하는 현실 그 자체입니다. 오늘 나는 무엇을 선택할 것인가. 어떻게 일하고 소비할 것인가. 그리고 나의 선택은 누구에게 어떤 영향을 남길 것인가.

이 질문에 조금 더 신중하게, 조금 더 현명하게 답하기 시작하는 순간, 우리는 **경제를 공부하는 단계**를 넘어섭니다. 자신의 삶을 설계하고, 더 **나은 사회**를 만들어 갈 수 있는 힘을 갖게 됩니다. 경제는 결코 **멀리 있지** 않습니다. 바로 지금, 이 순간의 선택 속에서 조용**히 숨 쉬고** 있습니다.

02 전통·계획·시장, 그리고 혼합: 체제의 다양한 얼굴-《동물농장》

같은 지구, 다른 운명: 부유함과 가난을 가르는 경제 체제의 차이

같은 하늘 아래, 비슷한 자원을 가지고 출발했는데도 어떤 나라는 부를 축적하고, 어떤 나라는 가난에서 벗어나지 못합니다. 이 차이는 운이나 민족성에서 오지 않습니다. 결정적인 차이는 어떤 규칙 아래에서 경제가 움직였는가, 즉 경제 체제(Economic Systems)에 있습니다.

이 사실을 가장 극적으로 보여주는 사례가 제2차 세계대전 이후 분단된 독일입니다. 하나의 나라였던 독일은 전혀 다른 길을 걸었습니다. 동독은 소련식 계획 경제(Planned Economy)를 선택했습니다. 정부가 생산과 분배를 직접 통제하며, 모든 국민에게 최소한의 삶을 보장하는 것을 목표로 삼았습니다. 겉으로 보면 안정적인 체제처럼 보였지만, 문제는 보상의 구조였습니다. 더 노력해도, 더 잘해도 추가 보상이 거의 없는 사회에서 사람들은 점차 도전과 혁신의 이유를 잃어갔습니다.

그 결과는 일상 속에 고스란히 드러났습니다. 동독의 대표적인 자동차 트라반트는 30년이 넘는 시간 동안 거의 변화 없이 생산되었습니다. 자동차를 사기 위해 수년을 기다려야 했고, 품질은 서방 국가

동독과 서독

들과 비교할 수 없을 만큼 뒤처졌습니다. 선택지는 없었고, 개선의 동력도 사라졌습니다.

반면 서독은 시장 경제를 선택했습니다. 개인과 기업은 이윤을 추구하며 경쟁했고, 더 나은 상품과 더 효율적인 생산 방식을 찾기 위해 끊임없이 움직였습니다. 그 결과 서독은 짧은 시간 안에 눈부신 성장을 이루었고, 이 성장은 훗날 '라인강의 기적'이라 불리게 됩니다.

독일이 통일된 이후 드러난 두 지역의 격차는 단순한 소득 차이

가 아니었습니다. 그것은 오랜 시간 축적된 체제의 유산이었습니다. 동독 지역의 낮은 생산성과 산업 붕괴는 개인의 능력 부족이나 게으름 때문이 아니라, 경쟁이 사라진 구조에서 비롯된 결과였습니다. 같은 사람, 같은 자원이라도 어떤 규칙 아래 놓이느냐에 따라 전혀 다른 결과가 만들어진 것입니다.

이 사례가 분명히 말해 주는 점이 있습니다. 부유한 나라를 만드는 것은 자원의 양이 아니라, 자원을 어떻게 활용하게 만드는 제도입니다. 자유롭게 선택하고, 경쟁하고, 그 결과에 책임지게 하는 구조가 있을 때 자원은 비로소 살아 움직입니다.

이처럼 나라별 성과가 다른 이유는 세상을 움직이는 규칙, 즉 경제 체제의 차이에서 비롯됩니다. 모든 경제는 반드시 세 가지 질문에 답해야 합니다. 무엇을 생산할 것인가, 어떻게 생산할 것인가, 그리고 누구를 위해 생산할 것인가. 전통 경제, 계획 경제, 시장 경제, 그리고 이들을 절충한 혼합 경제(Mixed Economy)는 이 질문에 서로 다른 방식으로 답을 내놓습니다.

이제부터는 각 경제 체제가 이 세 가지 질문에 어떤 해법을 제시하는지 살펴보며, 왜 체제가 곧 삶의 조건이 되는지를 하나씩 분명하게 이해해 보려 합니다.

혁명을 배신한 돼지들 – 조지 오웰의 '동물농장'과 계획 경제의 비극

"모든 동물은 평등하다. 그러나 어떤 동물은 다른 동물보다 더 평등하다."

이 짧고도 날카로운 문장은 계획 경제의 모순과 권력의 부패를 단 한 줄로 드러냅니다. 영국 작가 조지 오웰(George Orwell)의 풍자 우화 《동물농장(Animal Farm)》은 "평등을 향한 혁명"이 어떻게 "새로운 불평등"으로 변해가는지를 생생하게 보여주는 이야기입니다.

동물농장

이야기는 이렇게 시작됩니다. 농장의 동물들은 인간의 착취에서 벗어나기 위해 자유와 평등의 사회를 꿈꾸며 봉기합니다. "모든 동물은 평등하다!"라는 구호 아래, 그들은 인간 주인을 몰아내고 스스로의 세상을 만들죠. 처음엔 모두가 같은 희망을 품었습니다. 함께 일하고, 함께 나누는 세상 — 이것이 혁명이 약속한 미래였습니다.

하지만 이상은 오래가지 못했습니다. 가장 똑똑한 돼지들이 권력을 쥐자, 그중 나폴레옹이라는 돼지가 조금씩 독재자로 변합니다. 그는 "공동의 번영"을 외치지만 실제로는 자신과 측근들의 이익만 챙기죠. 땀 흘려 일하며 성실했던 말 복서와 순진한 양들은 여전히 "평등"을 믿었지만, 그 믿음은 이미 내용이 사라진 빈 구호가 되어버렸습니다. 결국, 혁명은 인간의 지배가 돼지의 지배로 바뀐 것뿐이었습니다.

《동물농장》의 세계는 정치 풍자를 넘어, 경제학의 중요한 원리를 담고 있습니다. 이 농장은 계획 경제의 축소판입니다. 모든 결정은 중앙의 돼지들이 내리고, 다른 동물들은 지시만 따릅니다. 자율성과 창의성은 사라지고, 노동의 동기는 점점 약해지죠. 자원이 잘못 배분되고 생산성은 떨어집니다. 이것이 경제학에서 말하는 정보의 비대칭성, 자원 배분의 비효율, 동기 저하로 인한 생산성 하락입니다. 핵심은 단순합니다. 어떤 계획도 완벽할 수 없고, 어떤 권력도 부패에서 벗어나기 어렵다는 사실입니다.

오웰은 나폴레옹이 혁명 이전의 인간 주인과 똑같은 모습으로 변하는 과정을 통해, 권력은 시간이 지나면 결국 자기 이익을 위해 움직인다는 사실을 경고합니다. 결국, 헛간 벽에 적힌 "평등의 7계명"은 조금씩 수정되다가 마지막엔 이렇게 바뀝니다.

"모든 동물은 평등하다. 그러나 어떤 동물은 더 평등하다."

이 모순된 문장은 이상이 어떻게 권력에 의해 뒤틀리고, 평등이 특권으로 변하는지를 상징적으로 보여줍니다.

이 메시지는 오늘날에도 여전히 유효합니다. "공동의 선"이라는 명분으로 개인의 자유와 선택이 과도하게 제한되는 경우가 심심치 않게 나타납니다. 예를 들어, 특정 산업을 정부가 지나치게 통제하려 하거나, 시장 대신 국가의 계획으로 경제를 움직이려 할 때 비슷한 문제가 발생합니다. 실제 역사에서도 소련의 계획 경제는 처음엔 산업화를 이루었지만, 시간이 흐르면서 비효율과 부패가 누적되어 결국 붕괴했습니다.

중앙에서 모든 것을 정하는 경제 체제에서는 노동 의욕이 떨어지고, 창의적 혁신이 사라지며, 경제 전체가 침체의 늪에 빠집니다.

현대 사회에서도 비슷한 모습을 찾을 수 있습니다. "공정한 경쟁"을 내세우지만 실제로는 특정 집단에만 혜택이 돌아가는 제도, "공공의 이익"을 말하지만 실제로는 일부만 이익을 얻는 정책 등이 그렇습니다. 말은 거창한데 결과는 '더 평등한 사람들'만 생기는 구조입니다.

그래서 《동물농장》은 단순한 우화가 아니라, 경제 체제의 도덕적 실패를 고발하는 강력한 경고문입니다. 강제로 만드는 평등은 결국 불평등을 낳습니다. 진정한 평등은 강제가 아니라 자율과 책임, 그리고 자유로운 선택에서 피어납니다. 진정한 번영은 계획의 힘이 아니라, 각자가 자유롭게 선택하고 교환하는 시장의 상호작용에서 만들어집니다.

이 작품은 결국 우리에게 묻습니다.

"모두를 위한 계획이라 부르는 것은, 정말 모두를 위한 것인가?"

"'더 평등한 자들'이 존재하는 사회에서, 진정한 평등은 가능한가?"

문명의 시작부터 이어진 분배의 딜레마 − 전통·계획·시장 경제 한눈에 보기

아득한 수렵·채집 시대에도 사람들은 선택 앞에 서 있었습니다. 거대한 사냥감을 얻은 뒤, 그들은 이렇게 물었을 겁니다. 무엇을 나눌 것인가, 어떻게 나눌 것인가, 그리고 누구에게 먼저 줄 것인가. 이 질문은 단순한 생존의 문제가 아니라, 오늘날 경제가 던지는 가장 근본적인 질문의 시작이기도 합니다. 경제의 역사는 결국 이 세 가지 질문에 대한 서로 다른 답의 역사라고 할 수 있습니다.

전통 경제에서는 이 질문에 관습이 답합니다. 무엇을 만들지, 어떻게 만들지, 누구에게 나눌지는 오랜 세월 이어져 온 종교, 가문, 공동체의 규칙에 따라 결정됩니다. 대대로 재배해 온 작물을 같은 방식으로 기르고, 생산물은 부족이나 마을의 관습에 따라 분배됩니다. 이 체제의 강점은 분명합니다. 삶의 방식이 안정적이고 공동체의 결속이 강합니다. 그러나 변화에 대한 대응은 느리고, 새로운 기술이나 생산 방식이 자리 잡기 어렵다는 한계도 함께 안고 있습니다.

계획 경제에서는 선택의 주체가 분명해집니다. 정부나 중앙의 계획 당국이 세 가지 질문에 직접 답합니다. 무엇을 얼마나 생산할지 정하고, 국영 공장이 정해진 방식대로 생산하며, 분배는 평등이나 필요의 원칙에 따라 이루어집니다. 이 방식은 특정 산업이나 목표에 자원을 집중할 수 있다는 장점을 가집니다. 하지만 동시에 심각한 문제도 발생합니다. 현장의 정보가 제대로 반영되지 않아 비효율이 커지고, 생산성은 떨어지며, 소비자의 선택권은 제한됩니다. 계획이 완벽할수록 현실과의 괴리는 더 커지기 쉽습니다.

시장 경제는 전혀 다른 방식으로 이 질문에 답합니다. 무엇을 생산할지는 소비자의 선택과 기업의 이윤 추구가 결정합니다. 어떻게 생산할지는 가장 비용이 적게 들고 효율적인 기술이 선택됩니다. 누구를 위해 분배할지는 소득과 구매력에 따라 이루어집니다. 이 체제는 경쟁을 통해 혁신과 효율을 빠르게 끌어올립니다. 그러나 그 대가도 분명합니다. 소득 격차가 커질 수 있고, 공공재는 충분히 공급되지 않으며, 환경 오염과 같은 외부효과 (Externality)가 발생하기도 합니다. 시장이 항상 완벽하게 작동하는 것은 아닙니다.

이처럼 전통 경제, 계획 경제, 시장 경제는 모두 같은 질문에서 출발하지만, 서로 다른 답을 내놓습니다. 어떤 체제도 완벽하지 않으며, 각기 다른 장점과 한계를 지니고 있습니다. 중요한 것은 우리가 어떤 규칙 아래에서 살아가고 있는지, 그리고 그 규칙이 우리의 선택과 삶의 가능성을 어떻게 넓히거나 제한하는지를 이해하는 일입니다. 경제 체제를 이해한다는 것은 곧, 우리가 살아가는 사회의 작동 원리를 이해하는 일과 다르지 않습니다.

보이지 않는 손, 세상을 움직이다

시장 경제 체제에서는 사람들의 자유로운 선택이 하나의 질서를 만들어 냅니다. 이 질서를 움직이는 장치가 바로 가격입니다. 경제학에서는 이를 '보이지 않는 손'이라고 부릅니다. 누가 명령하지 않아도, 누가 전체를 설계하지 않아도, 사람들은 사고팔며 스스로 균형을 찾아갑니다. 그 과정에서 사회적으로 희소한 자원은 가장 필요한 곳으로 이동합니다.

이 원리를 가장 유명하게 설명한 인물이 애덤 스미스입니다. 그는 이렇게 말했습니다.

'우리가 저녁을 먹을 수 있는 것은 정육점 주인이나 양조장 주인, 빵집 주인이 자비로워서가 아니라, 그들 각자가 자신의 이익을 추구하기 때문이다.'

애덤 스미스가 주목한 것은 인간의 이기심이었습니다. 그는 이기심을 도덕적 결함으로만 보지 않았습니다. 오히려 각자가 자신의 이익을 좇는 행동이 시장 안에서는 서로를 필요로 하게 만들고, 그 결과 사회 전체의 질서가 유지된다고 보았습니다. 개인의 선택이 모여 공공의 결과를 만들어내는 힘, 그것이 바로 '보이지 않는 손'입니다.

흥미로운 점은, 이런 생각이 애덤 스미스 이전에도 이미 존재했다는 사실입니다. 수천 년 전 중국의 역사가 사마천(司馬遷)은 그의 저서 《사기(史記)》에서 이렇게 적었습니다.

'인간 사회에서 가장 중요한 것은 경제다. 천하 사람들이 어지럽게 오고 가는 것도 모

사마천(司馬遷)

두 이익 때문이다.' 사마천은 인간 사회의 움직임을 냉정하게 관찰했습니다. 그는 농민은 먹을 것을 생산하고, 어부와 사냥꾼은 물품을 마련하며, 기술자는 물건을 만들고, 상인은 그것을 유통한다고 설명합니다. 이 모든 과정은 위에서 누군가 명령해서 이루어지는 것이 아닙니다. 각자가 자신의 능력과 필요에 따라, 원하는 것을 얻기 위해 움직인 결과입니다. 명령이 아니라 욕구가, 통제가 아니라 선택이 경제를 굴러가게 만든다는 통찰이었습니다.

사마천은 물건값의 변화도 자연의 흐름에 비유했습니다. 값이 싸면 사람들이 몰려 비싸지고, 값이 비싸면 수요가 줄어 다시 내려갑니다. 사람들은 각자 자신의 일에 충실할 뿐인데, 시장 전체는 마치 물이 낮은 곳으로 흘러가듯 스스로 균형을 찾아간다는 것입니다. 이 모습은 인위적인 조정 없이도 질서가 만들어지는 세계를 보여줍니다.

결국 사마천이 말한 자연스러운 순환의 원리는, 수천 년 뒤 애덤 스미스가 '보이지 않는 손'이라는 이름으로 설명한 원리와 깊이 닮아 있습니다. 개인이 자신의 이익을 추구하는 과정이 사회 전체의 조화로 이어진다는 생각입니다. 이것이 바로 시장 경제가 가진 가장 놀라운 힘입니다. 인간의 선택이 혼란을 낳는 것이 아니라, 오히려 질서를 만들어낸다는 역설. 시장은 그렇게, 오늘도 조용히 스스로를 조정하며 움직이고 있습니다.

시장과 정부의 균형 – 혼합 경제의 힘

2008년 말, 세계 경제는 다시 한 번 큰 충격을 받았습니다. 2008년 금융 위기로 불리는 이 사태는 미국의 주택 가격 하락에서 시작돼 금융 시스템 전체로 번졌습니다. 은행과 보험회사들이 연쇄적으로 무너질 위기에 놓였고, 신용은 얼어붙었습니다. 이때 미국 정부는 약 7,000억 달러라는 막대한 자금을 투입해 주요 금융기관의 파산을 막는 결단을 내립니다.

사기업의 생존에 정부가 개입하는 일은 전형적인 시장 경제의 원리와는 어긋납니다. 그럼에도 불구하고 개입이 선택된 이유는 분명했습니다. 개별 기업의 파산을 넘어, 경제 전체가 붕괴하는 사태를 막아야 했기 때문입니다. 시장에 맡기는 것이 언제나 최선은 아니라는 사실이, 이 위기를 통해 분명하게 드러났습니다.

한편 중국의 변화도 눈여겨볼 만합니다. 중국은 오랫동안 계획 경제의 대표적인 국가였습니다. 공장은 국가가 소유했고, 무엇을 얼마나 생산할지 정부가 정했습니다. 하지만 지금의 중국은 다릅니다. 토지 거래처럼 일부 영역을 제외하면, 기업의 설립과 운영, 이윤 추구 과정에서의 판단은 상당 부분 개인과 기업의 선택에 맡겨져 있습니다. 계획과 시장이 공존하는 방향으로 체제가 이동한 것입니다.

이처럼 현대의 대부분 국가는 혼합 경제라는 길을 선택했습니다. 완전한 시장 경제는 효율성이 뛰어나지만, 소득 격차가 커지고 사회적 약자가 방치될 위험이 있습니다. 반대로 완전한 계획 경제는 평등을 추구하지만, 혁신과 생산성이 떨어지기 쉽습니다. 혼합 경제는 이 두 체제의 장점을 결합하고, 단점을 보완하려는 현실적인 선택입니다.

혼합 경제에서 중심은 여전히 시장입니다. 사람들은 자유롭게 사고팔고, 가격은 수요와 공급에 따라 결정됩니다. 경쟁은 더 나은 품질과 더 낮은 가격을 만들어 냅니다. 그러나 시장이 모든 문제를 해결할 수는 없습니다. 공해와 기후 변화, 독점 기업의 횡포, 빈부 격차처럼 시장 스스로 해결하기 어려운 문제들이 존재합니다. 이런 상황을 경제학에서는 시장 실패(Market Failure)라고 부릅니다.

바로 이 지점에서 정부가 등장합니다. 정부는 형평성을 위해 누진세 제도를 시행합니다. 소득이 높은 사람에게 더 높은 세율을 적용해 조세 부담을 나누고, 이렇게 모인 재원은 복지, 사회보장, 의료보험, 기초생활 지원으로 다시 사회에 환원됩니다. 최저임금 제도 역시 모든 노동자가 최소한의 삶을 유지할 수 있도록 돕는 장치입니다. 이는 단순한 분배 정책이 아니라, 사회 전체의 안정 과 지속 가능성을 위한 투자에 가깝습니다.

효율성을 지키기 위한 개입도 필요합니다. 환경 규제는 기업 활 동이 자연을 파괴하지 않도록 막고, 독과점 규제는 시장의 경쟁을 보호합니다. 또한 국방, 치안, 도로, 기초교육, 공공보건과 같은 공공재는 시장의 이익 논리만으로는 충분히 공급되기 어렵기 때문에 정부가 책임집니다. 이러한 공공재가 있기에 시민들은 안전하게 살고, 기본적인 교육과 의료를 누릴 수 있습니다.

정리해 보면 혼합 경제는 이렇게 작동합니다.

'무엇을 생산할지'는 주로 시장이 결정하되, '어떻게 생산할지'는 효율성과 함께 환경과 노동의 기준을 고려하고, '누구를 위해 생산할지'는 소득에 따른 분배를 기본으로 하면서도 사회 안전망으로 보완합니다.

우리가 다양한 상품을 자유롭게 고르고, 경쟁 덕분에 더 나은 품질을 누리는 것은 시장의 힘입니다. 동시에 안정된 치안, 의무교육, 의료 서비스를 누릴 수 있는 것은 정부의 역할 덕분입니다. 이 두 축이 균형을 이룰 때 경제는 지속될 수 있습니다. 그래서 혼합 경제는 완벽하지 않지만, 효율성과 공평성이라는 두 가치를 함께 추구하는 현대 사회의 가장 현실적인 경제 체제로 자리 잡았습니다.

경제 체제를 읽는 법 - '누가' 세 가지 질문에 답하는가

경제 체제의 차이는 단순한 이념의 문제가 아닙니다. 그것은 한 사회가 세 가지 근본적인 질문에 대해 '누가 답하는가'의 문제입니다. 무엇을 생산할 것인가, 어떻게 생산할 것인가, 그리고 누구를 위해 생산할 것인가. 이 질문에 시장이 답하면 시장 경제, 정부가 답하면 계획 경제, 둘이 함께 답하면 혼합 경제가 됩니다. 경제 체제는 결국 선택의 주체를 어디에 두느냐에 따라 갈라집니다.

시장 경제는 개인의 자유로운 선택과 경쟁이 자원을 가장 효율적으로 배분한다고 믿습니다. 기업은 이윤을 추구하며 더 나은 기술과 제품을 만들어 내고, 소비자는 자신의 판단으로 시장의 방향을 바꿉니다. 혁신과 효율이 이 체제의 핵심 가치입니다. 그러나 모든 것을 시장에 맡길 경우, 부의 불평등이 심해지거나 공공재가 충분히 공급되지 않는 문제가 발생할 수 있습니다. 시장은 빠르지만, 늘 공정하지는 않습니다.

계획 경제는 다른 답을 내놓습니다. 무엇을 만들고, 어떻게 만들고, 누구에게 나눌지를 정부가 결정합니다. 이 체제는 평등과 집중을 중시하며, 사회 전체의 필요를 기준으로 자원을 배분하려 합니다. 단기적으로는 형평성을 확보할 수 있지만, 개인의 창의성과 경쟁이 억눌릴 경우 생산성과 효율이 떨어질 위험도 함께 커집니다. 계획은 안정적일 수 있지만, 변화에는 둔감해지기 쉽습니다.

그래서 대부분의 현대 국가는 혼합 경제를 선택합니다. 시장의 효율성과 정부의 조정 기능을 함께 활용하는 방식입니다. 시장은 혁신과 경쟁을 통해 성장의 동력을 만들고, 정부는 시장이 놓치는 영역—불평등, 공공재, 환경 문제—을 보완합니다. 정부는 시장의 실패를 교정하고, 시장은 정부의 비효율을 견제하며 균형을 이룹니다.

경제 체제를 이해한다는 것은 단순히 교과서의 분류를 외우는 일이 아닙니다. 그것은 정부 정책을 평가할 수 있는 기준을 갖는 일입니다. 어떤 정책이 시장의 자유를 지나치게 억누르고 있는지, 또는 효율만 강조한 나머지 형평성을 외면하고 있는지를 판단할 수 있는 눈을 기르는 일입니다.

결국 모든 경제 정책은 하나의 조정 과정입니다. 효율과 공평, 이 두 축 사이에서 균형을 어떻게 맞출 것인가의 문제입니다. 한쪽으로 기울면 다른 한쪽이 흔들리고, 그 결과는 사회 전체의 방향으로 나타납니다.

이제 질문을 던져볼 차례입니다.

오늘 우리의 사회는 시장과 정부 사이에서 어디로 기울어져 있을까요?

그리고 세 가지 질문—무엇을, 어떻게, 누구를 위해 생산할 것인가—에 답해야 할 주체는 누구여야 할까요?

시장일까요, 정부일까요, 아니면 우리 모두의 공동 판단일까요?

경제 체제를 이해하는 순간, 우리는 단순한 관찰자가 아니라 선택의 주체가 됩니다.

Hidden Economics in Literature

시장의 무대:
교환과 관계의 법칙

4장

수요와 공급,
인간의 심리가 만든 곡선

01 욕망이 가격을 흔드는 순간 ―《도리언 그레이의 초상》

수요와 공급의 세계로 ― 오늘은 '수요의 법칙'

1930년대 미국 대공황 시기를 떠올려 봅시다. 실업자가 거리로 쏟아져 나오고, 사람들은 지갑을 굳게 닫은 채 최소한의 소비만 이어 가던 시대입니다. 그런데 이 암울한 시기에도 뜻밖의 상품은 잘 팔렸습니다. 바로 티파니 다이아몬드 반지입니다. 이유는 분명 했습니다. "사랑은 위기 속에서도 변하지 않습니다"라는 메시지가 사람들의 마음을 건드렸기 때문입니다. 이 사례는 가격이 비쌀수 록 오히려 더 사고 싶어지는 현상을 보여 주며, 경제학에서는 이 를 베블런 효과(Veblen Effect)의 대표적인 예로 설명합니다.

이제 시선을 우리의 일상으로 옮겨 봅시다. 백화점에서 좋아하는 브랜드의 옷이 50% 바겐세일에 들어갔다는 소식을 들었다고 가정해 봅시다. 어제까지만 해도 가격 때문에 망설이던 옷이, 오늘은 "지금 아니면 안 됩니다"라는 신호처럼 느껴집니다. 심지어 살 계획이 없던 다른 상품까지 함께 계산대에 올려놓게 됩니다. 이 순간, 수요의 법칙(Law of Demand)이 우리 행동을 이끌고 있는 것입니다.

가격이라는 장벽이 낮아지자, 지갑을 열고 싶은 욕구가 빠르게 커집니다. 우리는 이를 매우 합리적인 선택이라고 여깁니다. 같은 돈으로 더 많은 만족을 얻을 수 있다고 느끼기 때문입니다. 결국 소비자는 가격 변화에 민감하게 반응하며, 자신의 효용을 최대화하려는 방향으로 행동합니다.

경제학에서는 이 원리를 이렇게 정리합니다. "다른 조건이 일정할 때, 가격이 하락하면 수요량은 증가하고, 가격이 상승하면 수요량은 감소합니다." 단순하지만 강력한 설명입니다. 시장 경제를 움직이는 두 축은 수요와 공급이며, 그중에서도 소비자인 우리의 선택을 설명하는 수요의 법칙은 핵심적인 위치를 차지합니다.

다른 조건이 같다면, 가격이 오를수록 사고 싶은 마음은 줄어들고, 가격이 내려갈수록 사고 싶은 마음은 커집니다. 물론 티파니 다이아몬드 반지처럼 예외적인 경우도 존재하지단, 대부분의 일상적 소비는 이 법칙을 따릅니다.

문학 속 이야기와 우리의 경험을 함께 떠올려 보면, 수요의 법칙은 결코 추상적인 이론이 아닙니다. 가격 변화가 우리의 감정과 판단을 어떻게 흔들고, 그 결과 소비 선택을 어떻게 바꾸는지를 이해하는 순간, 경제학은 현실을 읽는 하나의 언어가 됩니다.

오스카 와일드, '도리언 그레이의 초상' - '노화'와 '젊음'의 수요의 법칙

"영원히 젊을 수 있다면, 당신은 무엇을 포기하겠습니까?" 오스카 와일드(Oscar Wilde)의 소설 《도리언 그레이의 초상(The Picture of Dorian Gray)》은 '영원한 젊음'이라는 재화를 통해 인간의 욕망과 가치, 그리고 경제학의 핵심 원리인 희소성과 수요를 탐구한 이야기입니다.

도리언 그레이는 젊

도리언 그레이의 초상

고 아름다운 청년이었습니다. 초상화가 완성되던 순간, 그는 충동처럼 속삭입니다. "이 그림이 대신 늙고 추해진다면, 나는 영원히 젊게 남을 수 있을 텐데." 그리고 기적처럼 그 바람은 이루어집니다. 그의 얼굴은 변하지 않지만, 초상화 속 도리언은 세월과 죄의 흔적을 대신 떠안으며 일그러져 갑니다. 젊음을 얻는 대신, 도리언은 영혼의 부패라는 대가를 지불하게 된 것이죠. 그는 끝내 깨닫습니다. 희소성을 잃은 젊음은, 축복이 아니라 저주라는 사실을요.

경제학의 관점에서 보면 젊음은 시간이 흐를수록 줄어드는 매우 희소한 자원입니다. 사람들은 이 희소한 자원을 조금이라도 붙잡기 위해 화장품, PT(Personal Training), 다이어트 프로그램, 성형, 영양제, 피부 시술 같은 다양한 대체재(substitute goods)를 소비합니다. 바로 이 희소성 덕분에 젊음은 가치가 생기고, 시간이 흐를수록 더 비싸지고 더 간절해집니다.

경제학의 기본 원리인 수요의 법칙은 '가격이 오르면 수요는 줄어든다'고 말하지만, 젊음처럼 공급이 제한되고 욕망이 절대적인 재화의 경우에는 오히려 비쌀수록 더 찾고, 얻기 어려울수록 더 원하게 됩니다. 실제로 '동안(baby face)'을 만들기 위한 시술 가격이 높아도 예약 대기가 더 길어지는 이유입니다. 그런데 도리언에게는 이 법칙 자체가 무너집니다. 그는 젊음을 '무한히 공급받는' 유일한 소비자이며, 시간이라는 비용을 전혀 치르지 않고 얻은 젊음은 경제학적으로 보면 가격이 0인 재화입니다.

가격이 0이 되는 순간, 그 재화는 더 이상 특별한 가치를 갖지 못합니다. '언제든 가질 수 있는 것'을 간절히 원하는 사람은 없기 때문입니다. 욕망은 항상 결핍에서 태어나고, 결핍이 사라지면 욕망도 사라집니다. 도리언은 영원한 젊음을 가졌지만, 더는 그것의 의미를 느끼지 못하고 쾌락과 사치, 파티 같은 '강한 자극'을 끊임없이 소비하며 공허를 채우려 합니다. 그러나 만족감은 점점 줄어들고, 이는 한계효용체감의 법칙이 극단적으로 나타난 모습입니다.

도리언의 비극은 도덕의 추락만이 아니라 가치의 구조가 무너진 세계, 욕망이 결핍을 잃어버린 인간의 초상입니다. 우리는 흔히 '싸면 좋다', '손쉽게 얻으면 더 좋다'고 생각하지만, 오스카 와일드는 '만약 젊음을 잃을 위험이 없다면, 우리는 정말 젊음을 원할 수 있을까'라는 정반대의 질문을 던집니다. 그리고 '모든 욕망은 잃어버릴 위험이 있을 때만 진짜가 된다'고 말하는 듯합니다. 도리언의 영원한 젊음은 완벽해 보였지만, 희소성이 사라지는 순간 그 가치는 무너졌고, 결핍이 사라지자 욕망도 사라지며 삶의 의미 역시 희미해졌습니다. 그의 초상화가 일그러져 간 이유는 단지 죄 때문이 아니라, 희소성을 잃은 욕망이 만들어낸 공허함 때문이었습니다.

'사과 한 상자'와 지갑의 관계 - 수요의 법칙이란?

마트에서 좋아하는 과일이 평소보다 크게 할인된 날을 떠올려 봅시다. 우리는 흔히 "오늘은 기회입니다"라고 말하며, 장바구니에 평소보다 더 많은 과일을 담게 됩니다. 꼭 필요한 양을 이미 넘겼다는 사실을 알면서도, 손은 쉽게 멈추지 않습니다. 이 익숙한 장면 속에는 경제학의 중요한 원리가 숨어 있습니다.

이 현상을 경제학에서는 수요의 법칙(Law of Demand)이라고 부릅니다. 다른 조건이 일정할 때, 재화의 가격이 하락하면 그 재화를 사고자 하는 양, 즉 수요량은 증가하고, 반대로 가격이 상승하면 수요량은 감소합니다. 가격과 수요량이 서로 반대 방향으로 움직인다는 것이 수요의 법칙의 핵심입니다.

이 관계를 그래프로 나타내면 오른쪽 아래로 내려가는 우하향 수요 곡선이 그려집니다. 이 곡선은 단순한 선이 아니라, 가격 변화에 반응하며 선택을 바꾸는 소비자의 합리적인 행동이 누적된 결과입니다. 가격이 내려갈수록 더 많이 사고 싶어지는 우리의 판단이 그대로 그림으로 나타난 것입니다.

그렇다면 왜 가격이 내려가면 우리는 더 많이 사게 될까요. 그 이유는 소득 효과(Income Effect)와 대체 효과(Substitution Effect)라는 두 가지 경제적 메커니즘으로 설명할 수 있습니다.

먼저 소득 효과란, 가격이 하락할 때 같은 돈으로 더 많은 물건을 살 수 있어 마치 소득이 늘어난 것처럼 느껴지는 현상입니다. 예를 들어 커피 한 잔의 가격이 5,000원에서 4,000원으로 내려가면 월급은 그대로지만 구매력, 즉 실질 소득은 높아집니다. 그 결과 소비 여력이 커졌다고 느끼며 소비가 늘어납니다.

다음으로 대체 효과는 어떤 재화의 가격이 하락하면, 그 재화가 다른 비슷한 상품보다 상대적으로 더 싸 보이면서 소비가 그쪽으로 이동하는 현상입니다. 커피 가격이 4,000원으로 떨어졌다면, 여전히 4,500원인 홍차보다 커피를 선택할 가능성이 높아집니다.

결국 소득 효과와 대체 효과가 동시에 작용하면서, 가격이 하락할수록 우리는 해당 재화를 더 많이 소비하게 됩니다. 이것이 바로 수요의 법칙이 현실에서 작동하는 방식입니다. 우리의 지갑은 단순한 감정에 따라 열리는 것이 아니라, 가격 변화에 반응하며 효용을 극대화하려는 합리적인 경제 주체의 판단에 따라 움직이고 있는 것입니다.

셜록 홈즈가 좋아할 '예외' - 기펜재와 베블런재

거의 모든 재화는 '가격이 오르면 수요가 줄고, 가격이 내리면 수요가 늘어난다'는 수요의 법칙을 따릅니다. 이것은 시장을 설명하는 가장 기본적이고 강력한 원리입니다. 그러나 세상에 모든 일이 그렇듯, 이 법칙에도 예외는 존재합니다. 마치 셜록 홈즈가 규칙에서 벗어난 단서를 통해 사건의 진실에 다가가듯, 경제학에서도 이 예외들은 오히려 인간의 본모습을 또렷하게 드러내 줍니다. 그 대표적인 사례가 바로 기펜재(Giffen goods)와 베블런재(Veblen goods)입니다. 이 두 재화는 서로 완전히 다른 이유로 수요의 법칙을 거스릅니다.

먼저 기펜재는 흔히 '가난의 역설'이라 불립니다. 주로 극도로 가난한 사람들의 소비에서 나타나는 현상으로, 쌀·감자·빵처럼 생존을 위해 반드시 필요한 기본 식료품이 여기에 해당합니다. 일반적으로 가격이 오르면 소비를 줄여야 할 것처럼 보이지만, 기펜재의 경우는 정반대입니다.

그 이유는 소득에 있습니다. 가격이 오르면 소비자의 실질 소득은 감소합니다. 그러면 고기나 과일처럼 더 비싼 식품은 아예 선택지에서 사라집니다. 결국 사람들은 살아남기 위해, 상대적으로 가장 저렴한 주식에 더욱 의존하게 됩니다. 그 결과 가격이 올랐음에도 불구하고 오히려 더 많이 사게 되는, 이른바 수요의 역전 현상이 발생합니다. 이는 선택의 여지가 거의 없는 상황에서 나타나는, 생존을 위한 절박한 선택입니다.

반대로 베블런재는 전혀 다른 방향의 역설을 보여 줍니다. 베블런재는 '과시의 역설'을 상징하는 재화로, 명품 가방이나 고급 자동차, 고가의 시계와 같은 사치품이 대표적입니다. 일반적인 재화라면 가격이 오를수록 구매를 망설이게 되지만, 베블런재는 그렇지 않습니다.

이 재화는 가격이 비쌀수록 오히려 더 매력적으로 보입니다. 높은 가격 자체가 '희소성'과 '사회적 지위'를 상징하기 때문입니다. 이러한 현상을 베블런 효과라고 부릅니다. 가격은 단순한 비용이 아니라, 나의 성공과 위치를 드러내는 신호로 작용합니다. 사람들은 "비싸기 때문에 더 가치가 있다"고 인식하며, 그 인식에서 더 큰 만족을 느낍니다. 반대로 가격이 내려가면 희소성과 차별성이 약해져, 오히려 구매 욕구가 줄어드는 현상도 나타납니다.

이처럼 기펜재와 베블런재는 모두 수요의 법칙을 거스르지만, 그 이유는 완전히 다릅니다. 기펜재는 생존을 위한 선택이며, '살기 위해 어쩔 수 없이 더 사는 경우'입니다. 반면 베블런재는 과시와 욕망의 산물로, '비쌀수록 더 갖고 싶어지는 경우'입니다. 전자는 결핍이 만든 예외이고, 후자는 풍요가 만든 역설입니다.

결국 이 두 재화는 인간의 경제 행위가 단순히 가격과 소득만으로 설명되지 않는다는 사실을 보여 줍니다. 인간은 합리적인 계산을 하면서도, 동시에 감정과 사회적 욕망에 크게 영향을 받는 존재입니다. 경제학이 흥미로운 이유는 바로 여기에 있습니다. 수요의 법칙이 흔들리는 예외 속에, 인간의 본성과 사회의 단면이 고스란히 담겨 있기 때문입니다.

일상 속 수요의 법칙 – '세일'이 달콤한 이유

우리가 쇼핑몰의 세일 시즌을 기다리거나 마트의 1+1 행사에 쉽게 끌리는 이유는 단순한 습관 때문이 아닙니다. 그 이면에는 경제학의 기본 원리인 수요의 법칙이 작동하고 있습니다. 가격이 내려가면 사고 싶은 마음은 커지고, 가격이 오르면 자연스럽게 구매를 미루게 되는 것은 인간에게 매우 자연스러운 반응입니다.

그러나 이 법칙을 이해한다고 해서 반드시 가격 변화에 끌려다녀야 하는 것은 아닙니다. 오히려 수요의 법칙을 제대로 알수록, 소비를 스스로 조절할 수 있는 기준이 생깁니다. 세일 기간에 장바구니에 물건을 담기 전, 이 물건이 정말 필요한지, 아니면 단지 가격이 낮아졌다는 사실이 욕구를 자극했을 뿐인지를 한 번쯤 점검해 볼 필요가 있습니다.

또한 내가 느끼는 만족이 무엇에서 비롯된 것인지 구분하는 태도도 중요합니다. 그것이 같은 돈으로 더 많은 것을 살 수 있게 된 데서 오는 실질 구매력의 증가, 즉 소득 효과 때문인지, 아니면 남들에게 보여 주고 싶은 마음에서 비롯된 과시 욕구 때문인지를 스스로 물어봐야 합니다. 특히 명품이나 한정판 상품처럼 가격이 오를수록 더 매력적으로 느껴지는 베블런 효과 앞에서는 더욱 냉정해질 필요가 있습니다.

"비싸기 때문에 좋아 보이는 것인지, 아니면 가격과 상관없이 진짜 가치가 있는 것인지”를 구분하려는 질문은 소비를 성숙하게 만듭니다. 결국 수요의 법칙을 이해한다는 것은 가격의 움직임을 아는 데서 그치지 않고, 자신의 욕망이 어떻게 만들어지고 자극되는지를 읽어내는 힘을 기르는 일입니다. 그리고 그 힘이야말로 합리적인 소비를 넘어, 보다 현명한 삶으로 나아가게 하는 가장 확실한 길입니다.

02 생산자의 열정과 한계 —《로미오와 줄리엣》

왜 기업가는 밤샘 작업을 감수할까 – 공급의 법칙의 세계로

당신은 최근 유행하는 ‘민트 초코 도넛’을 만드는 공장장이라고 상상해 봅시다. 어제까지만 해도 도넛 한 개당 1,000원에 팔리던 제품이, 갑작스러운 인기 덕분에 시장 가격이 2,000원으로 뛰었습니다. 이 상황을 마주한 당신의 머릿속에는 어떤 생각이 스칠까요. 아마도 망설임 없이 “지금이 기회입니다”라는 판단이 먼저 들 것입니다.

이익이 두 배로 늘어나는 순간, 행동도 달라집니다. 밤샘 근무를 지시하고, 평소보다 비싼 임금을 주더라도 임시 직원을 고용하며, 그동안 쉬고 있던 낡은 기계까지 다시 가동하려 할 것입니다. 생산 과정이 힘들어지고 비용이 늘어난다는 사실을 알면서도, 최대한 많은 도넛을 시장에 내놓으려 할 것입니다.

그 이유는 단순합니다. 도넛 하나를 팔 때마다 남는 이윤이 그만큼 커졌기 때문입니다. 기업은 이윤을 극대화하기 위해 존재하며, 가격이 오르면 더 큰 위험과 비용을 감수하고서라도 생산을 늘릴 강력한 동기가 생깁니다. 이것이 기업의 탐욕이 아니라, 경제학이 설명하는 합리적인 선택입니다.

경제학에서는 이 현상을 다음과 같이 정리합니다. "다른 조건이 일정할 때, 재화의 가격이 상승하면 공급량은 증가하고, 가격이 하락하면 공급량은 감소합니다." 이것이 바로 공급의 법칙(Law of Supply)입니다.

결국 기업가들이 가격이 오르는 순간 밤을 새워서라도 생산량을 늘리는 이유는 성실함이나 의욕 때문이 아닙니다. 상품의 가격이 오르면 팔 때 얻는 이익이 커지고, 그 이익을 극대화하기 위해 자연스럽게 공급을 늘리게 되기 때문입니다. 반대로 가격이 하락하면 이윤이 줄어들어 생산을 축소하게 됩니다. 이렇게 가격 변화에 따라 공급량이 움직이는 원리가 바로 시장을 움직이는 또 하나의 힘, 공급의 법칙입니다.

금지된 독약의 거래:《로미오와 줄리엣》이 보여주는 공급의 법칙

셰익스피어(William Shakespeare)의 비극 《로미오와 줄리엣

로미오와 줄리엣

(Romeo and Juliet)》에서 로미오가 금지된 독약을 구하는 장면은 사랑의 광기와 경제의 냉혹함이 정면으로 충돌하는 순간입니다. 줄리엣이 죽었다는 오해에 빠진 로미오는 절망 속에서 약국 문을 두드리고, 약사는 법으로 금지된 독약을 팔 수 없다며 단호히 거절합니다. 당시 독약 거래는 발각되면 목숨까지 위태로운 중범죄였습니다. 약사에게 이 선택은 생계와 양심, 생존과 처벌 사이에서 갈라지는 가혹한 기로였습니다.

그런데 로미오는 인간의 약점을 꿰뚫어 보는 인물입니다. 그는 가난한 약사의 현실을 단번에 파악하고, 법보다 더 강력한 유혹인 금화를 내밉니다. 잠시의 망설임 끝에 약사의 손끝에서 독약 병이 건네지는 순간, 이 장면은 문학 속 비극을 넘어 경제학의 현실로 바뀝니다. 바로 '공급의 법칙'이 가장 극적으로 드러나는 장면입니다.

독약은 법으로 금지된 희소한 물건이었습니다. 약사가 감수해야 할 한계 비용은 단순한 재료비가 아니라, 발각되었을 때의 처벌이라는 막대한 위험 비용이었습니다. 일반적으로 한계 비용이 높으면 공급은 줄어들지만, 로미오가 제시한 높은 가격은 그 위험을 덮고도 남을 만큼의 보상이 되었습니다. 가격이 충분히 높아지자, 공급자였던 약사는 도덕적·법적 제약을 감수하고라도 공급을 결정합니다. 가격이 오르면 공급량이 증가한다는 '공급의 법칙'이 인간의 욕망과 만나 현실에서 펼쳐진 순간입니다.

이 장면은 단순한 비극이 아닙니다. 시장 규제와 욕망이 충돌할 때 어떤 일이 벌어지는지 보여주는 상징적 장면입니다. 정부가 "금지"라는 규제를 내리면 합법적 공급은 줄어들지만, 희소성은 극단적으로 높아지고 가격은 폭등합니다. 이때 높은 가격은 불법 거래를 오히려 자극합니다. 그래서 공식 시장에서 막힌 공급은 결국 암시장이라는 우회로를 만들어냅니다. 약사는 합법적으로는 얻을 수 없는 거대한 이윤 앞에서, 법과 양심보다 경제적 유인을 선택하게 된 것입니다.

이 이야기는 오늘날에도 계속 반복되고 있습니다. 불법 마약, 프리미엄 전자기기 밀수, 희귀 운동화 리셀 시장, 콘서트 암표, 심지어 인기 굿즈(goods)의 웃돈 거래까지—희소성은 가격을 끌어올리고, 가격은 욕망을 자극하며, 욕망은 금기와 규제를 넘어 행동을 밀어붙입니다. 《로미오와 줄리엣》의 비극은 멀리 있는 이야기가 아니라, 지금의 우리 사회에서도 여전히 되풀이되는 '경제학적 드라마'인 셈입니다.

셰익스피어는 이 짧은 장면을 통해 조용히 묻습니다.

"가격이 도덕을 이길 때, 인간의 선택은 어디로 향하는가?"

그 질문은 수백 년이 지난 지금도 여전히 우리를 멈춰 서게 만드는 물음입니다.

'더 비싸게 팔 기회' – 공급의 법칙이란 무엇인가

여러분이 스마트폰 케이스를 만드는 공장 사장이라고 상상해 봅시다. 어느 날 갑자기 시장에서 케이스 가격이 크게 올랐다는 소식을 듣는다면, 가만히 앉아 있기 어렵습니다. 생산 라인을 하나 더 늘리고, 직원들에게 잔업을 부탁하며, 가능한 한 많은 케이스를 만들어 시장에 내놓으려 할 것입니다. 이유는 복잡하지 않습니다. 이윤을 더 많이 남길 수 있기 때문입니다.

이처럼 가격 변화에 따라 생산자의 행동이 달라지는 현상을 경제학에서는 공급의 법칙이라고 부릅니다. 공급의 법칙이란, 기술 수준이나 원자재 가격처럼 다른 조건이 일정할 때 재화의 가격이 상승하면 공급량은 증가하고, 가격이 하락하면 공급량은 감소한다는 원리입니다. 즉, 가격과 공급량은 같은 방향으로 움직입니다.

이 관계를 그래프로 나타내면 오른쪽 위로 올라가는 우상향 곡선이 그려집니다. 이 공급 곡선은 단순한 선이 아닙니다. 그것은 생산자가 이윤을 추구하며 내리는 수많은 선택이 누적된 결과이자, 시장이 작동하는 기본 구조를 보여 주는 지도라고 할 수 있습니다.

그렇다면 왜 가격이 오르면 생산자는 더 많이 만들려고 할까요. 그 이유는 이윤 극대화(Profit Maximization)의 원칙에서 찾을 수 있습니다. 생산자는 언제나 수입에서 비용을 뺀 이윤을 최대한 크게 만들고자 합니다. 상품 가격이 오르면 같은 양을 팔아도 수입이 늘어나므로, 생산을 확대하려는 유인이 자연스럽게 생깁니다.

하지만 생산을 무한히 늘릴 수는 없습니다. 생산량이 증가할수록 한 단위를 추가로 생산하는 데 드는 비용, 즉 한계 비용이 점점 커지기 때문입니다. 잔업이 늘어나면 인건비가 올라가고, 기계를 과도하게 사용하면 고장 위험과 유지비가 증가합니다. 이것이 바로 한계 비용 체증의 법칙입니다.

따라서 가격이 낮을 때는 한계 비용이 빠르게 증가해 생산 확대가 쉽지 않습니다. 그러나 가격이 충분히 높아지면 상황이 달라집니다. 더 많은 비용을 감수하더라도 여전히 이윤을 남길 수 있기 때문에, 생산자는 생산량을 늘리는 쪽을 선택하게 됩니다. 공급의 법칙은 바로 이 합리적인 판단의 결과로 나타납니다.

결국 공급의 법칙은 단순히 "가격이 오르면 많이 판다"는 말로 끝나는 개념이 아닙니다. 그것은 생산자가 가격과 한계 비용을 끊임없이 비교하며, 어디까지 생산하는 것이 가장 이득인지 계산한 끝에 내린 선택의 결과입니다. 시장에 그려진 공급 곡선은 바로 이러한 인간의 경제적 판단과 합리성이 남긴 흔적이라고 할 수 있습니다.

일상과 경영 속의 공급의 법칙

공급의 법칙은 교과서 속 그래프에만 존재하는 딱딱한 공식이 아닙니다. 우리는 이미 매일, 아무렇지 않게 이 법칙 속에서 살아가고 있습니다.

비가 억수같이 쏟아지는 날을 떠올려 보면 됩니다. 평소보다 배달 앱을 여는 사람이 급격히 늘어나고, 배달 요금은 자연스럽게 올라갑니다. 그 순간 집에서 쉬고 있던 배달 기사들이 다시 헬멧을 쓰고 거리로 나섭니다. 비가 와서 갑자기 부지런해졌기 때문이 아닙니다. 가격이 상승했다는 신호가 그들을 움직였기 때문입니다. 더 높은 가격은 더 많은 공급을 유도하는 강력한 신호입니다.

반대로 가격이 지나치게 낮으면 상황은 달라집니다. 생산자는 투입되는 비용을 감당하기 어려워지고, 결국 생산을 줄이거나 중단하게 됩니다. 그 결과 시장에서는 공급 부족이 나타나고, 우리는 '품절'이라는 문구를 마주하게 됩니다. 공급의 법칙은 이렇게 조용하지만 분명하게 시장의 흐름을 바꿉니다.

이 원리는 기업에만 적용되는 이야기가 아닙니다. 우리 개인 역시 하나의 공급자입니다. 직장인에게 노동은 곧 노동력의 공급이며, 임금이 높아질수록 더 많은 시간과 노력을 투입하려는 유인이 커집니다. 반대로 보상이 충분하지 않으면 일할 의욕은 줄어들고, 생산성도 함께 낮아집니다.

결국 공급의 법칙은 우리가 가진 시간과 노력, 재능이라는 자원을 어디에, 얼마나 투자할지를 판단하는 기준이 됩니다. 이 원리를 이해한다는 것은 단순히 시장을 아는 데서 그치지 않습니다. 자신의 가치와 노력을 가장 효과적인 곳에 배분할 수 있는 지혜를 갖게 되는 일입니다.

5장

균형의 예술, 가격의 탄생

01 수요와 공급이 만나는 지점 —《목로주점》

시장이 만드는 만남의 지점 – 균형 가격과 균형 거래량

가상의 '금요일 아침 빵 시장'을 떠올려 봅시다. 소비자는 이렇게 말합니다. "빵 한 개가 500원이면 100개를 살 의향이 있습니다. 하지만 2,000원이라면 너무 비싸서 10개만 사겠습니다." 반면 생산자는 정반대의 생각을 합니다. "빵 한 개에 2,000원은 받아야 이윤이 남으니 100개를 만들겠습니다. 하지만 500원밖에 못 받는다면 10개만 만들겠습니다."

소비자는 가능한 한 싸게 사고 싶고, 생산자는 가능한 한 비싸게 팔고 싶어 합니다. 이 상태가 계속된다면 어떻게 될까요. 서로의 바람만 앞세운다면 거래는 이루어지지 않고, 빵은 팔리지 못한 채 남아 버릴지도 모릅니다. 하지만 실제 시장은 이렇게 멈춰 서지 않습니다. 시장 경제에는 혼란 속에서도 스스로 질서를 만들어 내는 힘이 있기 때문입니다.

그 힘의 핵심은 모두가 받아들일 수 있는 하나의 가격을 찾아가는 과정입니다. 소비자가 "이 정도면 사겠습니다"라고 말하고, 생산자가 "이 정도면 팔겠습니다"라고 고개를 끄덕이는 가격, 그것이 바로 균형 가격입니다. 그리고 그 가격에서 실제로 거래되는 빵의 수량이 균형 거래량입니다.

가격이 낮아지면 소비자는 더 많이 사고 싶어 하고, 가격이 높아지면 생산자는 더 많이 팔고 싶어 합니다. 이 두 힘은 시장에서 끊임없이 맞부딪히며 줄다리기를 합니다. 어느 한쪽으로도 더 이상 움직이지 않는 지점, 사고 싶은 양과 팔고 싶은 양이 정확히 일치하는 순간에 시장은 멈춰 섭니다. 그 지점이 바로 균형입니다.

균형은 우연히 만들어지는 결과가 아닙니다. 수요와 공급이라는 두 힘이 서로를 밀고 당기며 만들어 낸 필연적인 결과입니다. 이제 중요한 질문은 여기에서 시작됩니다. 만약 시장이 이 균형 상태에서 벗어난다면 어떤 일이 벌어질까요. 그리고 어떤 힘이 작용해 다시 균형으로 돌아오게 될까요. 바로 그 과정 속에 시장 경제가 작동하는 진짜 의미가 숨어 있습니다.

가난의 균형, 절망의 시장:《목로주점》이 보여주는 시장 균형 붕괴의 비극

프랑스 자연주의 문학의 거장 에밀 졸라(Émile Zola)의 《목로주점(L'Assommoir)》은 19세기 파리의 화려한 도시 이미지 뒤에 숨은

목로주점

그늘을 정면으로 바라본 작품입니다. 도시의 불빛 아래 감춰진 빈곤, 알코올 중독, 가족의 해체가 한 편의 기록문처럼 담겨 있습니다. 졸라는 인간의 타락을 탓하지 않습니다. 그는 사회 구조가 만들어낸 빈곤이 어떻게 개인의 절망으로 굳어지는지를 날카롭게 해부합니다. 그의 문장은 냉정하지만, 동시에 깊이 인간적입니다.

《목로주점》 속 술집은 단순한 음주 공간이 아닙니다. 절망을 잠시 잊게 해주는 '잊음의 경제'가 작동하는 장소입니다. 당시 노동자들에게 술은 사치품이 아니라 생존을 버티게 해주는 필수재였

습니다. 매일 열두 시간을 공장에서 소모하고, 내일에 대한 희망을 잃어버린 사람들이 한 잔의 술에서 다시 '사람'이라는 감각을 찾습니다. 그러나 그 위로는 아주 잠깐뿐입니다. 알코올의 효용은 찰나에 사라지고, 다음날엔 더 큰 피로와 절망이 남습니다. 그래서 졸라는 묻습니다. "이 술은 위로인가, 아니면 천천히 다가오는 파멸인가?"

경제학으로 보면 《목로주점》은 '비탄력적 수요(inelastic demand)'의 잔혹한 현실을 보여주는 생생한 사례입니다. 술값이 올라가도, 세금이 붙어도, 노동자들은 소비를 쉽게 줄이지 못합니다. 그들에게 술은 단순한 기호품이 아니라 심리적 생존재이기 때문입니다. 현대에도 이런 모습은 반복됩니다. 야근 후 편의점에서 사는 에너지음료, 스트레스를 달래기 위한 값비싼 커피, 불안을 잠재우기 위한 과소비. 가격이 올라가도 사람들은 쉽게 포기하지 못합니다. 경제학은 이 현상을 '비탄력적 수요'라고 부르지만, 그 이면에는 인간의 절규가 숨어 있습니다.

문제는 시장의 '균형'이 언제나 정의로운 것은 아니라는 점입니다. 경제학 교과서에 따르면 가격은 수요와 공급이 만나는 지점에서 결정됩니다. 하지만 이 지점은 결국 '지불 능력'에 의해 결정됩니다. 부유한 사람에게는 아무렇지 않은 가격이, 가난한 사람에게는 삶을 무너뜨리는 금액이 됩니다. 효율은 지켜지지만, 인간의 고통은 그 효율의 이면에서 조용히 사라집니다. 그래서 졸라는 말합니다. "균형 가격은 공정한 가격이 아니다."

술값이 오르면 또 다른 비극도 따라옵니다. 합법 시장이 막히면 암시장이 열리는 경제의 또 다른 법칙이 작동합니다. 불법 밀주가 등장하고, 품질이 떨어진 술은 중독과 질병을 퍼뜨립니다. 공급은 늘어났지만, 사회는 더 병들어갑니다. 효율을 추구하는 시장의 논리가 오히려 도덕의 붕괴로 이어지는 역설이 여기서 발생합니다. 이는 오늘날 불법 리셀 시장, 다단계 건강보조식품, 온라인 도박과 같은 현대적 사례에서도 반복됩니다. 절망은 언제나 빠른 이윤을 노리는 시장을 불러옵니다.

《목로주점》이 보여주는 것은 단순한 알코올 중독의 이야기가 아닙니다. 그것은 시장경제의 도덕적 맹점을 폭로하는 사회적 고발장입니다. 시장은 인간의 감정을 헤아리지 않습니다. 가격은 오로지 수요와 공급의 교차점을 찾아 효율을 달성할 뿐입니다. 하지만 때때로 그 효율은 가난한 자의 절망을 대가로 만들어집니다. 경제는 아무 문제 없이 돌아가지만, 그 안의 인간은 천천히 무너져 갑니다. 졸라는 마지막에 우리에게 묻습니다.

"시장은 균형을 이루었다. 그러나 인간은 구원받았는가?"

이 질문은 19세기 파리에서 던져졌지만, 오늘을 살아가는 우리에게도 여전히 유효한 물음입니다.

균형으로 향하는 드라마 – 시장이 스스로 조정되는 원리

시장의 가격은 단순한 숫자가 아닙니다. 그것은 수요와 공급이 만나는 지점에서 형성되는, 끊임없이 움직이는 살아 있는 신호입니다. 이때 수요량과 공급량이 정확히 일치하는 지점의 가격을 균형 가격(Equilibrium Price)이라고 합니다.

만약 실제 시장 가격이 균형 가격보다 낮다면 어떤 일이 벌어질까요. 물건이 싸 보이기 때문에 소비자는 더 많이 사려고 하고, 반대로 생산자는 이윤이 줄어 공급을 줄이게 됩니다. 그 결과 수요량이 공급량을 초과하는 초과 수요(Excess Demand)가 발생합니다. 사람들 사이에서 "지금 사야 합니다"라는 경쟁이 시작되고, 그 경쟁은 자연스럽게 가격을 끌어올립니다. 가격이 오르면 수요량은 줄고 공급량은 늘어나면서, 시장은 다시 균형을 향해 움직이게 됩니다.

반대로 가격이 균형보다 높을 때는 상황이 달라집니다. 생산자는 많이 팔고 싶어 하지만, 소비자는 가격이 부담스러워 구매를 줄입니다. 그 결과 시장에는 팔리지 않은 물건이 쌓이는 초과 공급(Excess Supply)이 나타납니다. 재고가 늘어나면 판매자는 가격을 내릴 수밖에 없고, 그 과정에서 공급량은 줄고 수요량은 늘어나 다시 균형점으로 되돌아갑니다.

이처럼 시장은 가격의 변화를 통해 스스로 균형을 회복하는 자기조정 메커니즘(Self-adjusting Mechanism)을 가지고 있습니다. 경제학자 애덤 스미스는 이 과정을 '보이지 않는 손'이라고 표현했습니다. 각자가 자신의 이익을 좇아 행동할 뿐인데, 그 결과는 마치 누군가 조종하는 것처럼 사회 전체의 자원이 효율적으로 배분된다는 뜻입니다.

물론 현실의 시장은 교과서처럼 매끄럽게 움직이지는 않습니다. 정보는 완전하지 않고, 거래에는 비용이 들며, 정부 정책이 개입되기도 합니다. 그래서 시장은 한순간에 균형에 도달하기보다는, 끊임없이 균형을 향해 조정되는 과정을 반복합니다.

때로는 시장의 자율 조정만으로는 해결하기 어려운 문제도 발생합니다. 빅토르 위고의 《레 미제라블》에서처럼, 빵과 같은 필수재의 가격이 급등하면 서민의 삶은 극심한 고통에 놓이게 됩니다. 이런 상황에서 정부는 국민을 보호하기 위해 최고 가격제(Price Ceiling)를 도입해 가격을 인위적으로 낮추기도 합니다.

그러나 균형 가격보다 낮은 수준으로 가격을 고정하면 또 다른 문제가 생깁니다. 낮은 가격 때문에 수요는 늘어나고, 낮은 수익 때문에 공급은 줄어들어 초과 수요, 즉 품귀 현상이 발생합니다. 그 결과 줄 서기, 배급 경쟁, 암시장 거래와 같은 비효율과 불평등이 나타나게 됩니다. 이는 균형 가격이 단순한 숫자가 아니라, 시장이 원활하게 작동하도록 돕는 중요한 조정 신호임을 보여 줍니다.

그렇다고 해서 정부의 개입이 항상 잘못된 것은 아닙니다. 가격 상한제를 시행하더라도 보조금 지급, 정부 비축 물량 방출, 공급 확대 정책과 같은 보완 장치를 함께 마련한다면 시장의 혼란을 완화할 수 있습니다.

결국 중요한 것은 시장의 원리를 무시하는 것이 아니라, 시장과 정책이 조화를 이루도록 설계하는 일입니다. 시장의 균형은 그래프 위에 찍힌 하나의 점이 아니라, 수요와 공급, 개인의 이익 추구, 그리고 공공의 역할이 끊임없이 맞물리며 만들어지는 역동적인 과정입니다. 이 균형이 유지될 때, 비로소 경제는 효율성과 형평성을 함께 향해 나아갈 수 있습니다.

가격 뒤에 숨은 이야기

균형 가격은 단순히 가격표에 적힌 숫자가 아닙니다. 그것은 그 시장에서 자원이 얼마나 희소한지, 사람들이 얼마나 간절히 원하는지, 그리고 생산자가 어느 정도까지 공급할 수 있는지를 한눈에 보여 주는 신호입니다. 수요와 공급이 만나는 지점에서 형성되는 이 가격은, 말 그대로 시장이 스스로 말하는 언어입니다. 그래서 중요한 것은 가격이 올랐는지, 내렸는지를 넘어서 왜 그렇게 되었는지를 읽어내는 일입니다.

예를 들어 가격이 올랐을 때, 그 이유가 단순한 원가 상승 때문

인지, 아니면 소비자의 선호가 커져 수요가 늘어났기 때문인지는
전혀 다른 의미를 가집니다. 반대로 가격이 내려갔다고 해서 무조
건 나쁜 신호라고 단정할 수도 없습니다. 기술 발전이나 경쟁 심
화로 공급이 늘어나 가격이 하락했다면, 그것은 시장의 효율성이
높아졌다는 긍정적인 신호일 수 있습니다.

가격 변동의 이면에는 항상 복합적인 원인이 존재합니다. 초과
수요가 발생하면 소비자들은 서로 더 높은 가격을 제시하며 경쟁
하고, 그 과정에서 가격은 상승합니다. 반대로 초과 공급이 생기
면 팔리지 않은 재고를 줄이기 위해 가격은 내려갑니다. 여기에
정부의 세금 정책이나 보조금, 규제 완화 같은 제도 변화가 더해
지면 균형 가격은 크게 흔들릴 수 있습니다. 또한 원자재 가격이
나 인건비처럼 생산 비용이 변하면 공급 측 요인으로 가격이 달라
집니다. 소비자의 소득 수준, 유행, 가치관의 변화까지 고려하면,
균형 가격은 결코 고정된 숫자가 아닙니다.

따라서 균형 가격의 변화를 단순한 결과로만 보지 않고, 그 배
경에 놓인 원인을 분석할 수 있다면 훨씬 더 현명한 선택이 가능
해집니다. 가격이 급등했을 때 그것이 일시적인 현상인지, 구조적
인 변화의 시작인지를 구분할 수 있어야 합니다. 가격이 급락했을
때도 단순한 조정인지, 아니면 수요 자체가 약해졌다는 신호인지
를 판단해야 합니다. 균형에서 벗어난 가격에는 언제나 기회와 위

험이 동시에 숨어 있습니다.

결국 시장의 가격은 숫자가 아니라 이야기입니다. 이 이야기를 읽을 줄 아는 사람은 시장의 겉모습이 아니라, 그 안에서 움직이는 힘을 이해합니다. 균형 가격을 해석하는 능력은 숫자 뒤에 숨은 현실을 꿰뚫고, 합리적인 판단을 내리게 하는 진짜 경제 감각입니다.

02 탄력성과 감정의 경제학 ―《돈키호테》

가격의 '민감도'를 읽는 기술 ― 탄력성의 세계

당신이 옷가게 사장이라고 상상해 보시기 바랍니다. 어느 날 스웨터 가격을 10% 내렸더니, 놀랍게도 판매량이 50%나 뛰어오릅니다. 이 순간 경제학자는 이렇게 말합니다. 이 스웨터의 수요는 가격 변화에 매우 탄력적(Elastic)이라고 말입니다.

반대로 셔츠 가격을 같은 폭으로 10% 내렸는데 판매량이 고작 2%만 늘어났다면 이야기는 달라집니다. 이 셔츠의 수요는 비탄력적(Inelastic)입니다. 가격이 움직여도 소비자의 반응이 거의 없다는 뜻입니다.

성공적인 비즈니스의 핵심은 바로 이 차이를 읽어내는 데 있습니다. 가격을 조금만 바꿨을 때 매출이 폭발할지, 아니면 미동도

하지 않을지를 미리 예측할 수 있어야 전략적인 결정을 내릴 수 있기 때문입니다. 가격은 단순한 숫자가 아니라, 소비자의 마음을 시험하는 신호이기 때문입니다.

경제학에서 말하는 가격 탄력성(Price Elasticity)은 "가격이 오르면 수요가 줄어든다"라는 상식에서 한 걸음 더 나아간 개념입니다. 핵심은 방향이 아니라 크기입니다. 가격이 1% 변할 때, 수요량이나 공급량이 과연 몇 %나 반응하는지를 비율로 측정합니다. 다시 말해, 가격 탄력성은 시장이 얼마나 예민하게 반응하는지를 보여주는 민감도 지표입니다.

수요와 공급의 법칙이 시장의 뼈대라면, 가격 탄력성은 그 뼈대 위에서 움직이는 근육의 힘을 측정하는 도구라고 할 수 있습니다.

현실의 시장을 떠올리면 이 개념은 더욱 또렷해집니다. 애플의 아이폰은 신제품이 나올 때마다 가격이 오르지만, 판매량은 크게 줄지 않습니다. 오히려 많은 소비자들이 "이번에는 꼭 사야지" 하며 출시일을 기다립니다. 이는 아이폰이 단순한 휴대폰이 아니라, 대체하기 어려운 브랜드 가치를 지니고 있기 때문입니다. 그 결과 아이폰의 수요는 비탄력적으로 나타납니다.

애플은 이 사실을 알고 있습니다. 그래서 가격을 낮추는 대신, 브랜드와 경험의 가치를 높이는 전략을 선택합니다. 높은 가격에도 판매가 유지된다는 것은, 가격 탄력성이라는 보이지 않는 지표를 정확히 읽어냈다는 뜻입니다.

결국 가격 탄력성은 공식 속에만 있는 개념이 아닙니다. 그것은 사람들이 얼마나 쉽게 마음을 바꾸는지, 무엇에 흔들리고 무엇에는 흔들리지 않는지를 보여주는 경제의 언어입니다. 이 언어를 이해하는 순간, 가격은 더 이상 부담스러운 숫자가 아니라 시장의 속삭임으로 들리기 시작합니다.

이상을 소비하는 인간: 《돈키호테》와 완전 비탄력적 수요의 철학

스페인 문학의 거장 미겔 데 세르반테스(Miguel de Cervantes)의 불후의 명작 《돈키호테(Don Quixote)》는 인간의 이상과 현실, 가치와 효용의 관계를 가장 깊이 있게 탐구한 작품입니다. 주인공 돈키호테는 낡은 갑옷을 걸치고, 마른 말 로시난테를 타고, 평범한 풍차를 괴물로 착각한 채 돌진합니다. 세상은

돈키호테

그를 미친 사람 취급하지만, 그의 행동은 단순한 망상이 아니라 '절대적 가치'를 지키려는 신념의 선언에 가깝습니다. 돈키호테에게 기사도는 생계를 위한 수단이 아니라 존재 이유이고, 로시난테는 그 신념을 현실 위에서 달리게 하는 상징입니다.

경제학적으로 보면 돈키호테의 신념은 '완전 비탄력적 수요'의 극적인 사례입니다. 일반적인 소비자는 가격이 오르면 다른 대체재를 찾습니다. 커피값이 오르면 차를 마시고, 운동화 가격이 오르면 다른 브랜드를 고릅니다. 하지만 돈키호테의 세계에는 이런 선택지가 없습니다. 기사도 정신은 커피와 차처럼 바꿔 마실 수 있는 옵션이 아니라, 단 하나뿐인 절대 가치입니다. 설령 누가 "기사도를 포기하면 금화를 산더미처럼 주겠다"고 해도 그는 흔들리지 않습니다. 그의 신념은 어떤 가격 변화에도 반응하지 않는 '수직에 가까운 수요 곡선'입니다. 가격이 오르든 내리든, 수요는 변하지 않습니다.

이런 현상의 핵심은 '대체재의 부재'입니다. 경제학에서 대체재는 비슷한 만족을 주는 다른 선택지를 뜻합니다. 하지만 돈키호테에게 현실적 타협, 사회적 성공, 물질적 풍요는 기사도의 대체재가 될 수 없습니다. 그의 세계에서 이상(理想)은 상품이 아니며, 시장 논리가 접근할 수 없는 영역입니다. 경제학의 시선에서 보면 그는 비합리적인 소비자지만, 인간의 시선에서는 가장 순수한 '이상 소비자(idealistic consumer)'입니다.

로시난테에 대한 그의 애착도 같은 원리로 설명됩니다. 아무리 더 빠르고 튼튼한 말을 주겠다고 해도, 그는 끝내 바꾸지 않습니다. 로시난테는 그의 이동 수단이 아니라 정체성의 일부입니다. 오늘날 우리가 값비싼 새 휴대폰보다 오래된 모델을 고집하거나, 비효율적이어도 직접 만든 물건을 더 소중히 여기는 모습과 비슷합니다. 경제적 효용만 계산하면 결코 설명되지 않는 영역이 있습니다. 그것은 '정신적 효용', 즉 신념과 감정에서 오는 만족입니다. 돈키호테에게 효용은 이익이 아니라 믿음이고, 만족은 소유가 아니라 헌신입니다.

세르반테스는 이 인물을 통해 묻습니다. "모든 가치를 가격으로 환산할 수 있는가?" 경제학은 인간이 합리적이라고 가정하지만, 돈키호테는 그 합리의 테두리를 가볍게 넘어갑니다. 그는 효율보다 신념을, 편리함보다 가치를 선택합니다. 그리고 이 비합리적 선택 속에서 인간은 오히려 가장 인간다워집니다.

결국 《돈키호테》는 현실과 환상의 충돌을 넘어, '대체 불가능한 가치'가 어떻게 경제 논리를 초월하는지를 보여주는 철학적 경제 서사입니다. 그의 세계에서는 가격이 의미를 잃고, 수요의 법칙이 흔들립니다. 하지만 그 흔들림 속에서 드러나는 것은 어리석음이 아니라 품격이며, 비이성이 아니라 인간성입니다. 돈키호테는 세

속의 기준으로 보면 비효율적 소비자지만, 신념을 팔지 않는 마지막 이상주의자입니다. 그는 우리에게 말합니다.

"진짜 가치는 가격이 아니라, 그로 인해 흔들리지 않는 마음속에 있다."

수요의 가격 탄력성: '필수품 vs. 사치품'의 갈림길

수요의 가격 탄력성(Price Elasticity of Demand)은 소비자가 가격 변화 앞에서 얼마나 쉽게 마음을 바꾸는지를 보여주는 지표입니다. 다시 말해, 어떤 물건을 우리는 '없으면 안 되는 필수품'으로 느끼는지, 아니면 '있으면 좋지만 포기할 수 있는 사치품'으로 느끼는지를 냉정하게 드러내는 경제의 잣대입니다. 가격이 조금 움직였을 뿐인데 소비가 크게 흔들린다면, 그 안에는 반드시 이유가 있습니다.

가격이 조금만 변해도 수요량이 크게 달라지는 경우를 탄력적 수요라고 합니다. 이런 상품들은 대체로 사치품이거나, 선택지가 많은 물건들입니다. 예를 들어 명품 시계의 가격이 10% 내려갔을 때 판매량이 30%나 늘어난다면, 소비자들은 이렇게 말하고 있는 셈입니다. "이 가격이면 살 만하다." 이 한마디 속에 탄력적 수요의 본질이 담겨 있습니다.

반대로 가격이 변해도 소비량이 거의 달라지지 않는 경우를 비탄력적 수요라고 합니다. 인슐린, 쌀, 생수처럼 삶을 유지하는 데 꼭 필요한 재화가 여기에 속합니다. 가격이 10% 올라도 소비를 크게 줄일 수 없는 이유는 간단합니다. 선택지가 없기 때문입니다. 이때 소비자는 가격이 아니라 '필요'에 따라 행동합니다.

그렇다면 왜 어떤 상품은 탄력적이고, 어떤 상품은 비탄력적일까요. 첫 번째 이유는 대체재의 존재 여부입니다. 비슷한 기능을 하는 상품이 많을수록 소비자는 가격에 민감해집니다. 한 상품의 가격이 오르면 곧바로 다른 상품으로 이동할 수 있기 때문입니다. 반대로 대체재가 거의 없는 경우, 소비자는 가격 상승을 감내할 수밖에 없습니다.

두 번째는 재화의 성격입니다. 필수재는 가격이 올라도 소비를 줄이기 어렵기 때문에 비탄력적이고, 사치재는 가격이 오르면 가장 먼저 포기되는 대상이 되기 때문에 탄력적입니다. 이는 경제학 이론이 아니라, 우리의 일상적인 선택에서 늘 반복되는 행동입니다.

세 번째는 소득에서 차지하는 비중입니다. 가계 지출에서 큰 비중을 차지하는 상품일수록 가격 변화에 더 예민하게 반응합니다. 집값, 자동차 가격, 등록금처럼 부담이 큰 항목은 작은 가격 변화에도 소비자의 행동을 크게 흔듭니다.

이처럼 수요의 가격 탄력성은 숫자 속에 숨은 인간의 심리를 보여주는 도구입니다. 시장은 차갑게 움직이는 것처럼 보이지만, 그 안에는 늘 사람의 선택과 감정이 흐르고 있습니다. 탄력성을 이해한다는 것은 가격을 이해하는 일이 아니라, 사람들이 언제 지갑을 열고 언제 닫는지를 읽어내는 일입니다. 바로 그 지점에서 경제는 공식이 아니라, 살아 있는 이야기로 다가옵니다.

공급 탄력성에 영향을 미치는 핵심 요인: 시간

공급의 가격 탄력성(Price Elasticity of Supply)은 생산자가 가격 변화라는 신호를 얼마나 민감하게, 그리고 얼마나 빠르게 읽고 행동할 수 있는지를 보여주는 지표입니다. 쉽게 말해, 가격이 오를 때 "지금 더 만들어도 될까?"라는 질문에 생산자가 얼마나 신속하게 답할 수 있는지를 알려주는 기준입니다. 이 개념을 이해하면 시장이 왜 어떤 때는 유연하게 움직이고, 어떤 때는 둔하게 반응하는지 선명하게 보입니다.

가격이 오르자마자 생산량을 늘릴 수 있다면 공급은 탄력적입니다. 공장에서 즉시 생산량을 조절할 수 있는 스마트폰이나 의류 같은 제품이 여기에 속합니다. 주문이 늘어나면 설비를 더 돌리고, 인력을 추가 투입해 비교적 빠르게 대응할 수 있기 때문입니다. 반대로 가격이 올라도 생산량을 쉽게 늘릴 수 없다면 공급은 비탄력적입니다. 벼나 감자 같은 농산물은 씨를 뿌리고 수확하기까지 시간이 필요해 단기적으로는 공급이 거의 늘지 않습니다.

어떤 재화는 아예 다른 차원의 이야기를 합니다. 예술품이나 희귀 광물처럼 절대적인 수량이 제한된 재화는 가격이 아무리 올라가도 공급을 늘릴 수 없습니다. 이 경우 공급은 완전히 비탄력적이며, 시장은 오직 가격 상승으로만 수요를 조절하게 됩니다.

공급 탄력성을 결정하는 가장 중요한 요인은 시간(Time)입니다. 단기에는 공장 설비를 늘리거나 숙련 노동자를 바로 확보하기 어렵기 때문에 공급이 경직됩니다. 그러나 시간이 지나면 이야기가 달라집니다. 장기에는 기술 혁신이 이루어지고, 설비가 확충되며, 새로운 기업이 시장에 진입하면서 공급은 점점 탄력적으로 변합니다. 반도체 산업이 그 대표적인 예입니다. 단기에는 공장 하나를 짓는 데 수년이 걸리지만, 장기적으로는 생산 라인이 늘어나며 공급 능력이 크게 확대됩니다.

이 밖에도 생산 설비의 여유가 크거나, 재고를 보관하는 비용이 낮은 상품일수록 가격 상승에 빠르게 대응할 수 있어 공급이 더 탄력적입니다. 결국 공급의 가격 탄력성은 단순한 생산량의 문제가 아닙니다. 그것은 시간에 적응하는 능력, 변화에 대응하는 속도, 그리고 시장이 보내는 신호를 얼마나 정확하게 읽어내는지의 문제입니다.

시장에서는 가격이 말합니다. 그리고 공급의 가격 탄력성은 그

말을 얼마나 빨리 행동으로 옮길 수 있는지를 보여줍니다. 이 차이를 이해할 때, 우리는 왜 어떤 산업은 기회를 놓치고, 어떤 산업은 기회를 선점하는지 비로소 알게 됩니다.

왜 어떤 상품은 '가격 인상'에 끄떡없을까?

아침 출근길에 기름값이 또 올랐다는 소식을 들어도, 우리는 결국 주유소에 차를 세웁니다. "비싼 건 알지만 안 넣을 수는 없잖아."라는 생각이 자연스럽게 들기 때문입니다. 이 아주 일상적인 선택 속에, 경제학의 핵심 개념 하나가 살아 움직이고 있습니다. 바로 수요의 가격 비탄력성입니다.

유류는 생활과 이동에 꼭 필요한 필수재입니다. 당장 뚜렷한 대체재도 없습니다. 그래서 가격이 올라도 소비를 크게 줄이기 어렵습니다. 수요량이 좀처럼 줄지 않으니, 가격 인상은 고스란히 소비자의 부담으로 이어집니다. 이 점에서 정유사와 같은 기업은 가격 결정에서 상대적으로 유리한 위치를 갖게 됩니다. 가격 탄력성은 이렇게, 누가 시장에서 힘을 가지고 있는지를 조용히 드러내는 지표입니다.

이처럼 가격 탄력성은 교과서 속 개념이 아니라, 매일 아침 우리의 지갑이 어떤 상품 앞에서 약해지는지, 그리고 어떤 기업이 협상력을 가지는지를 알려주는 현실적인 분석 도구입니다. 수요와 공급의 법칙이 가격을 움직이는 두 개의 축이라면, 가격 탄력성은 그 움직임이 얼마나 크고 빠른지를 측정하는 자입니다. 시장은 이 민감도의 차이 속에서 끊임없이 흔들리고, 다시 균형을 찾아갑니다.

소비자의 입장에서 탄력성을 이해한다는 것은 매우 강력한 무기를 갖는 일입니다. 가격이 오르면 구매를 미룰 수 있는 탄력적 상품인지, 아니면 아무리 비싸져도 포기하기 어려운 비탄력적 상품인지 구분할 수 있다면, 소비는 감정이 아니라 판단의 영역이 됩니다. "지금 꼭 사야 할까?"라는 질문을 던질 수 있는 순간, 우리는 시장에 끌려가는 존재에서 벗어나게 됩니다.

투자자의 시선에서는 이 개념이 더 분명한 의미를 가집니다. 어떤 기업의 주력 상품이 비탄력적 수요를 가진다면, 경기가 나빠져도 수요가 급격히 무너지지 않을 가능성이 큽니다. 이는 곧 수익의 안정성으로 이어지고, 장기 투자 전략을 세우는 데 중요한 기준이 됩니다.

결국 가격 탄력성은 숫자와 그래프의 문제가 아닙니다. 그것은 사람들이 무엇을 포기할 수 없고, 무엇을 미룰 수 있는지를 보여주는 인간 욕망의 지도입니다. 이 지도를 읽을 수 있을 때, 우리는 소비에서도, 투자에서도, 시장을 조금 더 유리한 방향으로 바라볼 수 있습니다.

6장

기업이라는 작은 우주

01 생산의 네 가지 축과 정당한 보상 ―《어린 왕자》

경제를 움직이는 네 기둥 ― 토지, 노동, 자본, 기업가 정신

모든 생산 활동은 네 가지 기본 요소 위에서 이루어집니다. 바로 토지(Land), 노동(Labor), 자본(Capital), 그리고 기업가 정신(Entrepreneurship)입니다.

먼저 토지는 땅, 물, 광물, 공기 등 모든 자연 자원을 포함하며, 생산의 출발점이 됩니다. 노동은 인간이 제공하는 시간과 노력으로, 가치 창출의 중심이자 경제 활동의 가장 생명력 있는 요소입니다. 자본은 기계, 건물, 도로, 자금 등 미래의 생산을 가능하게 하는 인공적 수단으로, 과거 노동이 축적되어 만들어진 결과물이라 할 수 있습니다. 마지막으로 기업가 정신은 이 세 가지 요소를 결합해 새로운 가치를 창조하고, 위험을 감수하며, 혁신을 이끄는 힘으로 현대 경제의 엔진 역할을 합니다.

이 네 가지 생산 요소는 단순히 투입되는 재료가 아니라, 각자의 기여에 따라 보상을 받는 주체이기도 합니다. 토지는 지대(Rent), 노동은 임금(Wage), 자본은 이자(Interest), 기업가 정신은 이윤(Profit)으로 보상받습니다. 이 보상은 가계의 소득이 되어 다시 소비로 이어지고, 소비는 생산을 자극하며 경제의 순환을 만들어냅니다.

결국, 이 네 기둥은 경제를 지탱하는 근본 구조입니다. 인간의 노력과 자원이 결합해 가치를 만들고, 그 가치가 다시 사람에게 돌아오는 순환—그것이 바로 경제가 살아 움직이는 방식입니다.

'가치를 피워내는 기업가 정신' – 생텍쥐페리의 《어린 왕자》로 본 창조의 경제학

프랑스의 작가 앙투안 드 생텍쥐페리(Antoine de Saint-Exupéry)의 명작 《어린 왕자(The Little Prince)》는 단순한 동화가 아니라, 인간의 삶과 경제의 본질을 가장 순수한 언어로 보여주는 철학적 경제학의 이야기입니다. 어린 왕자는 자기만의 작은 별에서 단 한 송이의 장미를 위해 하루를 살아갑니다. 그는 물을 주고, 벌레를

어린 왕자

잡고, 바람을 막아 주며, 정성을 돌봅니다. 그가 가진 자원은 아주 적지만 그 안에는 경제학의 세 가지 생산 요소가 그대로 들어 있습니다. 그의 별은 장미가 자라는 토지이며, 그의 손길은 노동이고, 장미를 덮는 유리 상자와 작은 도구들은 자본입니다. 그러나 이 셋을 모두 합해도 그가 장미를 돌보는 이유는 다 설명되지 않습니다. 그 이유는 생존이 아니라 '의미'이기 때문입니다.

바로 이 지점에서 네 번째 생산 요소인 기업가 정신이 나타납니다. 어린 왕자는 장미를 그냥 예쁜 꽃으로 보지 않습니다. 세상에 하나뿐인 존재로 받아들이고 새로운 가치를 만들어냅니다. 그는 시장에서 주어진 가치를 소비하는 사람이 아니라, 자신만의 가치를 창조하는 작은 기업가입니다. 경제학의 언어로 말하면 그는 '가치의 주관적 이론(theory of subjective value)'을 실천하는 존재입니다. 물건의 진짜 가치는 가격표에 적힌 숫자가 아니라, 그것을 가진 사람이 느끼는 주관적 효용에서 결정된다는 뜻입니다. 요즘 사람들이 비싼 브랜드 로고보다 '나에게 맞는 경험'을 더 중요하게 여기는 것도 같은 원리입니다. 똑같은 카페라테라도, 누군가는 "나를 위한 시간"이라는 이유만으로 기꺼이 만 원을 지불하죠.

어린 왕자는 장미를 통해 중요한 진리를 깨닫습니다. "사랑은 시간과 정성을 들인 곳에서 피어난다." 이 한 문장은 인간 경제의 본질을 꿰뚫습니다. 그가 얻은 보상은 돈이 아니라 마음의 충만함이라는 정서적 효용입니다. 이는 시장에서 사고파는 재화가 아니라, 스스로 만들어 낸 비금전적 가치입니다. 우리가 좋아하는 취미에 시간과 돈을 쓰면서도 '낭비'라고 생각하지 않는 것처럼, 감정 역시 하나의 자원이며 삶의 가치를 만드는 중요한 요소입니다. 어린 왕자는 사랑이라는 보이지 않는 자본을 투자해 세상 어디에도 없는 유일한 가치를 탄생시킵니다.

그의 행동에는 기업가의 본질인 위험 감수(risk-taking)도 숨어 있습니다. 그는 장미를 위해 고독을 견디고, 별을 떠나 낯선 세계를 여행하면서도 책임을 잃지 않습니다. 불확실한 미래 속에서도 자신이 믿는 가치를 지키며 장미를 대체 불가능한 존재로 만들죠. 요즘 소비자들이 '나만의 것'을 찾고, 자신만의 세계관을 가진 제품이나 콘텐츠에 열광하는 이유도 여기에 있습니다. 희소성은 언제나 가치를 만들고, 헌신과 애정은 그 가치를 더욱 단단하게 합니다.

《어린 왕자》의 경제는 숫자가 아니라 의미로 움직입니다. 효율성과 수익성이 중심이 되는 현대 자본주의의 계산 방식과 달리, 어린 왕자의 세계는 내재된 가치로 돌아갑니다. 장미는 돈으로 살 수 있는 물건이 아니며, 그의 사랑은 어떤 화폐(Money)로도 환산되지 않습니다. 생텍쥐페리는 조용히 말합니다. "진정한 가치는 소유가 아니라 돌봄에서 태어난다." 이 말은 요즘 '미니멀리즘', '가치 소비', '진정성'이라는 키워드가 중요한 이유를 정확히 설명해 줍니다. 물건을 얼마나 소유하고 있는지가 아니라, 내가 무엇에 시간과 마음을 쓰는지가 진짜 삶의 질을 만든다는 뜻입니다.

토지, 노동, 자본에 인간의 상상력과 헌신, 즉 기업가 정신이 더해질 때 비로소 세상은 의미를 갖습니다. 어린 왕자는 이윤을 추구하지 않지만, 그가 만들어 낸 가치는 그 어떤 수익보다 깊고 오래가는 정신적 효용을 지닙니다. 결국 《어린 왕자》의 장미는 단순한 사랑의 상징을 넘어 '가치가 어떻게 태어나는가'를 보여주는 경제학적 은유입니다.

그리고 생텍쥐페리는 마지막에 우리에게 이 질문을 남깁니다. "당신은 무엇에 시간을 투자하고, 무엇을 가꾸고 있습니까?" 이 질문은 단순한 성찰이 아니라, 인간이 단순한 경제적 존재를 넘어

스스로 의미를 창조하는 존재임을 깨닫게 해주는 가장 아름다운 경제학의 진리입니다.

'버는 것'의 철학 ─ 경제를 넘어 자기 이해로

우리가 얻는 소득은 단순히 '돈을 버는 방법'의 차이가 아니라, 각자가 어떤 생산 요소를 제공하느냐에 따라 달라집니다. 직장인은 자신의 노동력을 제공하고 그 대가로 임금을 받습니다. 투자자는 자본을 제공해 이자나 배당을 얻습니다. 토지를 가진 사람은 토지를 빌려주고 지대를 받습니다. 그리고 창업가, 즉 기업가는 자신의 아이디어와 경영 능력을 바탕으로 위험을 감수하며 새로운 가치를 만들어내고, 그 결과로 이윤을 얻게 됩니다. 이처럼 경제에서의 소득은 각 개인이 어떤 생산 요소를 얼마나 효율적으로 활용하느냐에 따라 결정됩니다.

따라서 자신의 소득 구조를 이해하는 일은 매우 중요합니다. 임금을 높이고 싶다면 단순히 더 오래 일하는 것이 아니라, 노동의 생산성, 즉 자신의 기술과 지식을 향상시키는 노력이 필요합니다. '더 열심히'보다 중요한 것은 '더 가치 있게' 일하는 것입니다. 투자 수익을 얻고 싶다면 자본을 아무 데나 넣는 것이 아니라, 리스크를 관리하고 장기적으로 성장시킬 수 있는 안목을 길러야 합니다. 이는 단순한 운이 아니라, 경제적 통찰과 정보 판단력이 만드는 결과입니다.

또한, 세상에 없던 새로운 가치를 만들어내고 싶다면 기업가 정신이 필요합니다. 혁신적인 사고, 도전 의식, 그리고 실패를 두려워하지 않는 용기야말로 기업가가 세상을 바꾸는 원동력입니다.

결국, 임금, 이자, 지대, 이윤으로 나뉘는 네 가지 생산 요소의 보상 구조는 경제의 기본 개념을 넘어, 각자가 자신의 삶을 설계하고 미래를 개척해 나가는 네 개의 축이라 할 수 있습니다. 경제를 이해한다는 것은 곧 나의 노동, 자본, 아이디어를 어떻게 발전시킬 것인가를 고민하는 일입니다. 그것이 바로 '경제학이 삶의 기술'이라 불리는 이유입니다.

02 경쟁과 독점의 그림자 — 《제르미날》

왜 어떤 시장은 치열하고, 어떤 시장은 소수가 지배할까 — 시장 구조의 힘

《허생전》은 조선 후기 실학자 연암(燕巖) 박지원(朴趾源)이 당시 사회의 모순을 날카롭게 풍자하기 위해 쓴 소설입니다. 주인공 허생은 한양 최고의 부자인 변 씨에게서 1만 냥을 빌린 뒤 안성으로 가서 과일을 대량으로 사들입니다. 그는 이를 통해 무려 10배의 폭리를 취하고, 이어 제주도로 건너가 말총을 모두 사들여 망건값

허생전

을 10배로 끌어올립니다. 결국, 허생은 시장의 흐름을 완전히 장악하며 막대한 이익을 얻게 됩니다.

이 이야기의 핵심은 단순한 '재주 많은 장사꾼'의 성공담이 아닙니다. 시장에 소수의 공급자만 존재할 때, 그들은 가격을 마음대로 통제할 권한을 가지게 된다는 점을 보여줍니다. 이렇게 되면 재화는 경쟁 시장의 균형 가격보다 훨씬 비싸게 거래되고, 소비자는 손해를 입습니다. 즉, 허생은 조선판 '시장 독점자'였던 셈입니다.

비슷한 현상은 역사 속에서도 반복되었습니다. 19세기 말, 미국의 석유 재벌 존 D. 록펠러가 설립한 스탠더드 오일(Standard Oil)

이 그 대표적 사례입니다. 그는 경쟁자보다 훨씬 효율적인 생산과 유통 시스템을 구축하고, 철도 회사와 비밀 계약을 맺어 운임을 할인받거나 리베이트를 챙겼습니다. 이를 통해 경쟁사들을 시장에서 몰아내거나 헐값에 인수하면서 미국 정유 시장의 90% 이상을 장악했습니다.

독점자가 된 스탠더드 오일은 자유롭게 가격을 결정할 수 있는 가격 결정권(Price Maker)을 가지게 되었지만, 그 대가로 시장의 다양성과 혁신 속도는 급격히 떨어졌습니다. 결국, 미국 사회는 독점의 폐해를 막기 위해 1890년 셔먼 독점 금지법(Sherman Antitrust Act)을 제정하고, 1911년 스탠더드 오일을 34개의 독립 회사로 강제 분할했습니다. 이 사건은 독점이 혁신 경쟁을 가로막고 소비자에게 높은 가격과 낮은 효율을 안긴다는 사실을 뚜렷이 보여준 대표적 사례로 남았습니다.

이처럼 시장의 구조가 어떻게 짜여 있느냐에 따라 가격, 경쟁, 그리고 소비자의 만족도는 완전히 달라집니다. 우리가 매일 사는 사과 한 알의 가격부터 스마트폰 운영체제의 혁신까지, 어떤 시장은 수많은 기업이 치열하게 경쟁하며 낮은 가격과 빠른 혁신을 만들어내는 반면, 어떤 시장은 소수의 거대 기업이 규칙을 좌우하기도 합니다.

이 차이를 결정짓는 핵심 개념이 바로 시장 구조(Market

Structure)입니다. 시장 구조는 기업이 어떻게 행동하고, 어떤 방식으로 가격을 결정하며, 소비자가 어떤 혜택을 누리는지를 결정하는 경제의 기본 틀입니다. 일반적으로 시장 구조는 완전 경쟁, 독점적 경쟁, 과점, 독점의 네 가지 형태로 구분됩니다.

이제 우리는 검투장과 탄광촌이라는 두 가지 문학적 무대를 통해 '경쟁의 얼굴'을 먼저 살펴보고, 이어서 이 네 가지 시장 구조가 어떤 특징을 지니며, 경쟁이 왜 경제의 건강한 에너지인지를 함께 알아보겠습니다.

고대 검투사와 에밀 졸라의 《제르미날》 – 경쟁과 권력의 두 얼굴

고대 로마의 콜로세움에서 벌어진 검투 경기는 잔혹했지만, 경쟁의 본질을 가장 극적으로 보여준 무대였습니다. 많은 검투사가 피와 모래 위에서 맞붙는 '다수 대 다수'의 싸움은 완전 경쟁 시장을, 단 한 명의 절대적 검투사가 모든 것을 지배하는 장면은 독점 시장을 떠올리게 합니다. 승자는 명예와 부를 얻지만, 패자는 무대에서 사라집니다. 관중은 공정한 경쟁을 응원하면서도 압도적인 1인자의 지배력 앞에서는 묘한 무력감을 느낍니다. 시장도 이처럼 완전 경쟁과 독점이라는 두 극단 사이에서 균형을 찾아가는 거대한 콜로세움과 같습니다. 검투장의 규칙이 승패를 결정했듯, 시장 구조는 기업이 어떻게 경쟁하고, 가격을 정하며, 권력을 행사할지를 좌우합니다.

이 중에서도 가장 현실적이고 냉혹한 형태가 바로 '과점(oligopoly)'입니다. 소수의 거대 세력이 시장을 나누어 갖는 구조로, 문학 속에서는 자본의 결탁, 은밀한 카르텔, 배신의 드라마로 표현됩니다. 개인은 거대한 자본 앞에서 무력해지고, 인간의 존엄은 숫자와 이윤 논리에 짓밟힙니다. 이런 구조를 가장 처절하게 보여주는 작품이 프랑스 자연주의 작가 에밀 졸라(Émile Zola)의 《제르미날(Germinal)》입니다.

제르미날

《제르미날》은 19세기 프랑스 북부 탄광촌을 배경으로, 광산주와 노동자 사이의 계급 갈등을 정면으로 다룹니다. 광산 회사는 막대한 자본과 기술력을 무기로 지역 경제를 사실상 장악하고, 노동자들은 목숨을 걸고 일하면서도 최소한의 임금조차 보장받지 못합니다. 졸라는 이 산업 구조 속에서 자본과 권력이 결탁해 인간의 존엄을 어떻게 파괴하는지를 냉정하게 보여줍니다.

경제학적으로 보면, 광산 산업은 진입 장벽이 극도로 높은 전형적인 과점 시장입니다. 막대한 초기 투자비, 희소한 자원, 독점 기술력은 새로운 경쟁자의 진입을 원천적으로 막습니다. 작품 속 광산주들은 서로 경쟁하기보다 담합을 통해 시장을 통제합니다. 생산량을 조절하고 임금을 억제하며, 가격을 인위적으로 조정합니다. 결국, 과점은 집단적 독점으로 변하고, 시장의 효율성은 무너집니다. 노동자는 선택권을 잃고 소비자는 속으며, 공정 경쟁의 원리는 사라집니다.

노동자들은 이런 불평등 속에서 저항을 결심합니다. 그들의 파업은 단순한 임금 투쟁이 아니라, 인간다운 삶을 되찾기 위한 절박한 외침입니다. 하지만 자본의 벽은 두껍고 권력의 결탁은 냉혹합니다. 졸라는 이 비극을 통해 과점 시장이 만들어내는 착취 구조—가격 왜곡, 임금 억압, 인간성 상실—을 정밀하게 드러냅니다. 《제르미날》은 단순한 노동 소설이 아니라, 경제 구조가 인간 운명을 어떻게 조종하는지를 보여주는 문학적 경계 보고서입니다.

이 이야기는 19세기에 머물지 않습니다. 오늘날 석탄 대신 데이터와 알고리즘이 시장을 움직이는 시대에도 과점과 독점의 그림자는 여전히 우리 곁에 있습니다. 소수의 거대 플랫폼 기업이 정보를 독점하고, 시장을 지배하며 전 세계 소비자의 선택을 조용히 통제합니다. 졸라가 탄광의 어둠 속에서 고발한 '자본의 결탁이 낳은 착취 구조'는 형태만 바뀌었을 뿐, 여전히 현재진행형입니다.

결국 《제르미날》은 경제 구조와 인간 존엄이 결코 분리될 수 없음을 보여줍니다. 졸라는 묻습니다. "시장이라는 이름의 콜로세움에서, 인간의 생명은 여전히 구경거리인가?" 시장의 자유가 언제나 정의롭지 않으며, 효율이라는 명분 아래 인간의 가치는 가장 먼저 희생된다고 경고합니다. 그 질문은 지금 우리의 현실을 향해 다시 되돌아옵니다. "경쟁이 공정하지 않은 세상에서, 인간은 무엇으로 살아야 합니까?" 이 물음은 19세기 외침이 아니라, 오늘을 살아가는 우리에게도 여전히 유효한 가장 근본적인 경제학적 질문입니다.

시장 구조의 네 얼굴 – 경쟁에서 독점까지

시장은 경쟁의 정도에 따라 완전 경쟁, 독점적 경쟁, 과점, 독점이라는 네 가지 구조로 나뉩니다. 이 네 가지는 단절된 형태가 아니라, 경쟁이 치열한 쪽에서 독점적인 쪽으로 이어지는 하나의 연속선이라고 할 수 있습니다.

완전 경쟁 시장은 가장 이상적인 형태입니다. 판개자와 구매자가 매우 많아, 어떤 기업도 가격에 영향을 줄 수 없습니다. 누구나 쉽게 시장에 들어오거나 나갈 수 있고, 제품은 모두 비슷하며 정보도 완전히 공개되어 있습니다. 기업은 시장이 정한 가격을 그대로 받아들이는 가격 수용자(Price Taker)로서, 장기적으로는 초과이윤이 사라지고 자원이 가장 효율적으로 배분됩니다. 현실에서는 농산물 시장이나 주식시장이 그나마 이어 가까운 예입니다.

독점적 경쟁 시장은 이름처럼 완전 경쟁과 독점의 중간쯤에 있습니다. 많은 기업이 존재하지만, 각자 브랜드·디자인·품질 등으로 제품을 차별화해 약한 독점력을 가집니다. 단기에는 이 차별화 덕분에 초과이윤을 얻을 수 있지만, 시간이 지나면 새르운 기업들이 진입하면서 이윤은 줄어듭니다. 효율성은 다소 떨어지지만, 소비자 입장에서는 다양한 선택지를 가질 수 있다는 장점이 있습니다. 우리가 흔히 이용하는 카페나 의류 브랜드 시장이 여기에 해당합니다.

과점 시장은 소수의 거대 기업이 시장을 지배하는 구조입니다. 한 기업의 결정이 다른 기업에 즉각적인 영향을 미치기 때문에, 끊임없는 눈치 싸움이 벌어집니다. 규모의 경제와 높은 진입 장벽 덕분에 초과이윤을 유지하기 쉽지만, 기업 간 담합이 일어나면 가격이 올라가고 소비자 후생(Welfare)이 감소합니다. 그래서 정부의 공정거래 규제와 감시가 꼭 필요합니다. 대표적인 예로는 이동통신, 자동차 산업 등이 있습니다.

독점 시장은 한 기업이 시장 전체를 차지한 형태입니다. 특허나 정부의 허가, 혹은 네트워크 효과 등이 진입을 막습니다. 이런 시장에서 기업은 가격 결정자(Price Setter)로서 생산량을 조절하며 이윤을 극대화합니다. 하지만 소비자는 선택권을 잃고, 자원 배분의 효율도 떨어집니다. 이런 이유로 전력, 수도처럼 자연 독점이 불가피한 산업은 공영화하거나 요금을 규제해 통제합니다.

결국, 시장 구조는 경쟁이 치열할수록 효율성이 높고, 독점에 가까워질수록 비효율과 불평등이 커집니다. 경제학은 이 네 가지 시장 구조를 통해 '공정한 경쟁'과 '효율적 자원 배분' 사이의 균형점을 찾아가는 학문입니다.

시장 구조를 알면 '기업 분석'이 보인다 - 경쟁의 숨은 이점 읽기

시장은 단순히 기업의 수를 나열하는 공간이 아닙니다. 시장의 구조는 누가 가격을 정하는지, 이익이 누구에게 오래 남는지를 결정하는 경제의 설계도입니다. 같은 제품을 팔아도 어떤 시장에 들어가느냐에 따라, 기업의 운명과 소비자의 선택지는 완전히 달라집니다.

먼저 완전 경쟁 시장입니다. 수많은 기업이 거의 똑같은 제품을 팔고 있어, 어느 한 곳도 가격을 마음대로 정할 수 없습니다. 가격을 조금이라도 올리면 소비자는 즉시 다른 기업으로 이동합니다. 결국 가격은 생산에 필요한 최소 비용, 즉 한계 비용 수준까지 내려가게 됩니다. 이 구조에서는 기업이 큰 이윤을 남기기 어렵지만, 소비자는 낮은 가격과 효율이라는 최대의 혜택을 누리게 됩니다.

반대로 독점 시장은 완전히 다른 풍경입니다. 단 하나의 기업이 시장을 지배하고 있기 때문에, 소비자는 선택지가 없습니다. 가격을 올려도 떠날 곳이 없고, 그 결과 가격 결정력은 기업에 집중됩니다. 이윤은 커지지만, 소비자의 부담은 늘어납니다. 경쟁이 사라진 자리에는 편리함 대신 비효율이 남기 쉽습니다.

하지만 현실의 시장은 이 두 극단 중 하나에 딱 들어맞지 않습니다. 우리가 살아가는 대부분의 산업은 독점적 경쟁 시장이나 과점 시장에 속합니다. 카페, 화장품, 패션처럼 브랜드는 많지만 완전히 같지는 않은 시장도 있고, 자동차·통신·반도체처럼 소수의 대기업이 시장을 주도하는 구조도 있습니다. 그래서 투자나 창업을 고민할 때 가장 먼저 던져야 할 질문은 이것입니다.

"이 산업은 어떤 시장 구조 위에 서 있는가?"입니다.

진입 장벽이 낮고 경쟁이 치열한 시장이라면 전략은 분명합니다. 원가를 낮추고, 남들과 다른 차별화를 만들고, 모두가 보지 않는 틈새시장에 집중해야 합니다. 반대로 소수 기업이 주도하는 과점 시장에서는 규모의 경제, 핵심 기술력, 네트워크 효과가 장기적인 생존을 좌우합니다. 같은 과점이라도 기업 간 담합 가능성, 정부 규제의 강도에 따라 수익성은 크게 달라지므로, 정책과 산업 뉴스를 읽는 눈이 곧 경쟁력이 됩니다.

소비자의 입장에서 보면 답은 간단합니다. 기업이 많을수록, 경쟁이 치열할수록 우리는 더 싸고, 더 좋은 상품을, 더 다양한 선택지 속에서 고를 수 있습니다. 이것이 바로 경쟁이 가진 힘입니다.

결국 시장 구조란 추상적인 이론이 아니라, 우리가 지불하는 가격과 선택의 자유를 결정하는 현실의 규칙입니다. 건강한 경쟁이 살아 있는 시장일수록, 경제는 효율적으로 움직이고, 소비자는 더 많은 기회를 누리게 됩니다. 이것이 시장 구조를 이해해야 하는 가장 현실적인 이유입니다.

03 기업이 존재하는 이유, 그리고 선물의 의미―《크리스마스 선물》

기업의 목표 – 단 하나, 이윤 극대화

두 개의 쿠키 회사를 상상해 봅시다. A사는 오로지 이윤만을 생각하며 쿠키를 만듭니다. 원가를 줄이기 위해 재료의 품질을 낮추고, 환경 규제도 무시하죠. 반면 B사는 친환경 포장재를 사용하고,

직원들의 복지를 챙기며, 지역 사회에도 꾸준히 기부합니다. 물론 쿠키의 맛과 품질도 포기하지 않습니다.

처음에는 A사가 더 많은 돈을 버는 것처럼 보일 수 있습니다. 비용을 줄였으니 단기적으로는 이익이 커지겠죠. 하지만 시간이 지나면 상황이 달라집니다. 소비자들은 품질이 떨어진 A사의 쿠키를 점점 외면하고, 환경 문제로 비난이 커지면 불매운동의 대상이 될 수도 있습니다. 반대로 B사는 '착한 기업'이라는 이미지를 쌓아 충성 고객을 얻고, 시간이 지나도 꾸준하고 안정적인 수익을 올릴 수 있습니다.

결국, B사가 환경 보호와 직원 복지에 투자한 이유는 단순히 "좋은 일을 하기 위해서"가 아닙니다. 장기적으로 더 깊은 돈을 벌기 위한 현명한 선택이었던 것이죠. 이처럼 기업이 내리는 모든 결정에는 공통된 목표가 있습니다. 바로 이윤 극대화입니다.

기업은 겉으로 "사회에 공헌하겠다", "고객 만족을 높이겠다", "신기술을 개발하겠다"고 말합니다. 하지만 그 모든 행동의 중심에는 한 가지 질문이 있습니다.

"어떻게 하면 가장 많은 돈을 벌 수 있을까?"

이 단순하면서도 강력한 질문이 기업을 움직이는 엔진이며, 자본주의 시장을 돌아가게 만드는 원동력입니다.

'돈의 유혹'과 '사랑의 효용' – 오 헨리의 《크리스마스 선물》이 말하는 경제의 따뜻한 진실

오 헨리(O. Henry)의 단편 《크리스마스 선물(The Gift of the Magi)》은 짧지만, 사랑과 경제의 본질을 동시에 보여주는 기적 같

크리스마스 선물

은 이야기입니다. 가난한 부부 델라와 짐은 서로에게 줄 크리스마스 선물을 마련하기 위해 자신이 가진 가장 소중한 것을 내놓습니다. 델라는 자신의 머리카락을 팔고, 짐은 아버지에게 물려받은 시계를 팝니다. 그러나 델라가 산 것은 짐의 시계를 위한 체인이고, 짐이 산 것은 델라의 머리카락을 장식할 빗이었습니다. 서로의 선물은 겉보기에는 쓸모없게 되었지만, 오 헨리는 그 쓸모없음 속에서 사랑의 진정한 가치를 포착합니다. 그것은 손익 계산이 아닌, 자신보다 타인을 먼저 생각하는 마음—가장 인간적인 교환의

순간입니다. 그래서 작가는 이들을 세상에서 가장 현명한 사람들, 진정한 마기(Magi)라고 부릅니다.

경제학적으로 보면, 델라와 짐의 선택은 감정적인 낭만이 아니라 철저히 합리적 결정입니다. 델라는 머리카락의 금전적 가치를 포기했지만, 짐이 기뻐할 때 느낄 내적 효용이 훨씬 크다고 판단했습니다. 짐 역시 시계를 잃는 경제적 손실보다 델라의 행복에서 얻는 만족감이 더 크다고 믿었습니다. 즉, 두 사람은 자신이 얻을 수 있는 심리적 효용을 극대화한 합리적 행위자였습니다. 그들의 사랑은 눈에 보이지 않는 비물질적 효용의 교환이었습니다.

이 교환의 무대인 세상은 냉철한 시장의 논리로도 움직입니다. 델라의 머리카락을 사는 가발 가게 주인은 이윤을 계산합니다. 그의 거래 지속 여부는 한계 수입(MR)이 한계 비용(MC)과 일치할 때, 즉 MR=MC일 때 결정됩니다. 짐의 시계를 매입한 상인도 같은 공식 위에 서 있습니다. 이렇게 시장의 참여자들은 감정이 아니라 계산으로 움직이지만, 그 거래를 통해 자원은 효율적으로 배분됩니다. 델라의 머리카락은 가발이 되어 다른 사람의 행복을 채우고, 짐의 시계는 새 주인의 손목에서 시간을 새롭게 새깁니다. 이것이 시장 경제의 본질, 즉 자원이 가장 가치 있는 곳으로 흘러가는 과정입니다.

하지만 오 헨리의 위대함은 이 '합리의 공식' 속에서도 사랑의 온기를 잃지 않는 데 있습니다. 델라와 짐은 가난이라는 절대적 제약 속에서도 누릴 수 있는 최대의 행복을 선택했습니다. 그들의 결정은 경제학적으로 일관되고, 인간적으로도 아름답습니다. 효율과 감정, 계산과 사랑이 충돌하지 않고 조화롭게 공존하는 장면—이것이 이 작품이 오늘날까지 읽히는 이유입니다.

오 헨리는 말없이 속삭입니다. "사랑은 경제학의 언어로 설명될 수 있지만, 그 효용은 숫자로 환산되지 않는다." 델라와 짐이 나눈 선물은 단순한 물건의 교환이 아니라 감정의 교환이었고, 소유의 거래가 아니라 '행복의 순환'이었습니다. 경제적으로는 손해처럼 보이지만, 인간적으로는 완벽한 균형—가장 순수한 형태의 효용이었습니다.

결국 《크리스마스 선물》은 단순한 사랑 이야기가 아니라, 감정과 이성이 하나의 시스템 안에서 어떻게 조화를 이루는지를 보여주는 인간 경제학의 고전입니다. 오 헨리는 차가운 숫자의 세계 속에 따뜻한 심장을 심었습니다. 그리고 그 심장은 오늘날에도 여전히 똑같이 뛰고 있습니다. 그가 우리에게 남긴 메시지는 단 하나입니다. "가장 현명한 경제 행위는, 사랑을 나누는 일입니다."

이윤 추구는 '악'이 아니라 '에너지'다

기업이 말하는 이윤은 단순히 "돈을 많이 벌었다"는 뜻이 아님니다. 이윤이란 기업이 벌어들인 모든 수입에서, 상품을 만들고 파는 데 들어간 모든 비용을 뺀 결과입니다. 이 짧은 정의 속에는 기업의 선택, 전략, 그리고 시장을 바라보는 시선이 모두 담겨 있습니다.

먼저 수입은 분명합니다. 물건을 팔아 들어온 돈, 즉 총수입(Total Revenue)입니다. 문제는 비용입니다. 비용에는 눈에 보이는 것만 있는 것이 아니기 때문입니다.

하나는 명시적 비용입니다. 직원에게 주는 월급, 원자재 값, 임대료처럼 실제로 통장에서 빠져나가는 돈입니다. 대부분의 사람은 여기까지만 비용이라고 생각합니다. 하지만 경제학은 여기서 멈추지 않습니다. 또 하나는 암묵적 비용입니다. 이 비용은 영수증이 없습니다. 대신 '포기한 선택'이라는 이름표를 달고 있습니다. 예를 들어 안정적인 직장을 그만두고 창업을 했다면, 그동안 받을 수 있었던 급여는 실제로 지출되지는 않았지만 분명히 잃어버린 가치입니다. 이것을 경제학에서는 기회비용이라고 부릅니다.

이 차이 때문에 이윤에도 두 얼굴이 생깁니다. 회계학적 이윤은 총수입에서 명시적 비용만 뺀 값입니다. 장부에는 남는 것처럼 보일 수 있습니다. 그러나 경제학적 이윤은 다릅니다. 명시적 비용과 암묵적 비용을 모두 고려한, 진짜 성과입니다. 겉으로는 성공처럼 보여도, 포기한 기회까지 계산하면 사실상 손해일 수도 있다는 뜻입니다.

기업은 이윤을 늘리기 위해 감으로 움직이지 않습니다. 대신 한계 분석이라는 정밀한 계산을 사용합니다. 질문은 단순합니다.

"하나를 더 만들면, 이익이 늘어나는가?"

마지막으로 한 단위를 더 생산했을 때 늘어나는 비용을 한계 비용(MC), 그로 인해 추가로 얻는 수입을 한계수입(MR)이라고 합니다. 기업은 이 두 값이 같아지는 지점, 즉 MR = MC가 되는 순간 생산을 멈춥니다. 그 지점이 가장 효율적이며, 이윤이 최대가 되는 순간이기 때문입니다.

이윤을 추구하는 기업의 모습은 때로 차갑고 탐욕적으로 보일 수 있습니다. 그러나 경제학의 눈으로 보면, 이윤을 향한 경쟁은 시장을 움직이는 엔진입니다. 더 많은 이윤을 얻기 위해 기업은 기술을 개발하고, 비용을 줄이고, 더 나은 상품을 만듭니다. 그 결과 소비자는 더 좋은 물건을 더 낮은 가격에 누리게 됩니다.

그래서 기업의 광고, 가격 인상, 신제품 출시는 감정의 산물이 아닙니다. 모두 이윤 계산 위에서 이루어진 치밀한 경제적 선택입니다. 이윤 극대화는 단순히 돈을 버는 기술이 아니라, 제한된 자원을 어디에 쓰는 것이 가장 효율적인지를 끊임없이 묻는 과정입니다.

결국 이윤의 원리를 이해한다는 것은, 기업의 말에 휘둘리지 않고 숫자 뒤의 의도를 읽어내는 힘을 기르는 일입니다. 그것이 바로 현명한 소비자이자, 흔들리지 않는 투자자로 성장하는 첫걸음입니다.

제3부

국가의 경제:
개인을 넘어 공동체로

7장

한 나라의 성적표, 그리고 그 이면

01 GDP가 말하지 못하는 것들 ―《세일즈맨의 죽음》

GDP란 무엇인가? 국가 경제 규모 측정의 기준

국내총생산, GDP(Gross Domestic Product)는 숫자 하나로 경제를 단순화하기 위해 태어난 지표가 아닙니다. 그것은 경제가 얼마나 심각한 상황에 놓여 있는지를 알기 위해 만들어진 응급 도구였습니다. 1930년대 대공황 당시, 프랭클린 D. 루스벨트 대통령과 참모들이 손에 쥔 경제 정보는 극히 제한적이었습니다. 주가, 철도 운송량, 철강 생산량 같은 조각난 통계들뿐이었죠. 이 정보만으로는 미국 경제가 실제로 얼마나 무너졌는지, 회복의 기미는 있는지 판단하기 어려웠습니다.

국내 총생산

그래서 미국 상무부는 전혀 새로운 질문을 던집니다.

'경제 전체를 한눈에 보여 주는 숫자는 없을까?'

이 질문에 대한 답으로 만들어진 것이 바로 GDP였습니다. 이후 GDP는 여러 차례 보완을 거쳤고, 제2차 세계대전 시기에는 전쟁 수행 능력과 국가의 경제력을 비교하는 핵심 지표로 자리 잡으며 전 세계로 퍼져 나갔습니다. 오늘날 GDP는 단순한 통계를 넘어, 한 나라의 경제 상태와 국제 경쟁력을 가늠하는 기준이 되었습니다.

GDP를 가장 간단히 말하면 이렇습니다.

'한 나라 안에서 일정 기간 동안 새로 만들어진 최종 재화와 서

비스의 시장 가치 총합.'

즉, 그 나라가 얼마나 많은 부를 새로 만들어 냈는지를 보여 주는 숫자입니다. GDP가 전년보다 늘었다면 경제가 성장하고 있고, 그에 따라 일자리와 소득이 늘어날 가능성도 커집니다. 뉴스에서 "올해 경제성장률이 몇 퍼센트"라는 표현이 반복되는 이유가 바로 여기에 있습니다.

하지만 GDP는 아무 것이나 다 더하지 않습니다. 계산에는 분명한 원칙이 있습니다.

첫째, 일정 기간 동안 새로 생산된 것만 포함됩니다. 이미 만들어진 중고 물건은 사고팔아도 GDP에 들어가지 않습니다.

둘째, 국경 안에서 생산된 것만 계산합니다. 우리나라 기업이 해외 공장에서 만든 제품은 그 나라의 GDP에 포함되고, 우리나라 GDP에는 포함되지 않습니다.

셋째, 최종 재화와 서비스만 셉니다. 중간 단계의 부품이나 원재료까지 포함하면 같은 가치가 여러 번 계산되기 때문입니다.

넷째, 시장 거래가 있는 것만 들어갑니다. 가정에서 직접 한 일, 자원봉사, 이웃을 돕는 활동처럼 돈이 오가지 않는 생산은 GDP에 잡히지 않습니다.

이런 이유로 GDP는 한 나라의 경제 규모와 성장, 침체를 판단하는 데 가장 기본적인 지표가 됩니다. 그러나 동시에 분명한 한계도 갖고 있습니다. GDP는 '얼마나 많이 만들었는가'는 잘 보여 주지만, '사람들이 얼마나 잘살고 있는가'까지 설명해 주지는 못 합니다. 소득 분배, 환경 파괴, 삶의 만족도 같은 요소는 숫자에 담기기 어렵기 때문입니다.

그래서 오늘날 경제를 바라보는 시선은 한 단계 더 나아가고 있 습니다. 경제의 크기뿐 아니라 삶의 질, 행복, 지속 가능성을 함께 살피는 새로운 지표들이 주목받고 있는 이유입니다. GDP는 여전 히 중요한 출발점이지만, 이제 우리는 그 숫자 뒤에 무엇이 보이 지 않는지도 함께 물어야 하는 시대에 살고 있습니다.

아서 밀러의 '세일즈맨의 죽음' – 노동의 값은 잡히지만, 삶의 값은 빠진다

아서 밀러(Arthur Miller)의 희곡 《세일즈맨의 죽음(Death of a Salesman)》은 인간의 노동이 경제적 숫자로는 계산되지만, 그 안 에 담긴 존엄과 슬픔, 인간의 온도는 어떤 지표로도 측정할 수 없 음을 보여주는 가장 인간적인 경제학의 비극입니다.

주인공 윌리 로먼(Willy Loman)은 한 시대를 대표하는 세일즈맨 이었지만, 오늘날로 치면 끝없는 출장과 보고서에 시달리는 현대 직장인과 다르지 않습니다. 그의 하루는 끊임없는 이동과 설득, 거래로 채워지며, 그가 벌어들인 성과는 회사 매출과 GDP에 반영

세일즈맨의 죽음

됩니다. 경제학적으로 보면 그는 '생산적 활동에 참여한 효율적 경제 주체'입니다. 하지만 문학적으로 보면 그는 '숫자 속 인간'이 아니라 '숫자에 갇힌 인간'입니다.

그의 인생은 철저한 자본주의의 낙오 서사입니다. 수십 년간 회사에 헌신했지만, 나이와 실적이 떨어지자 회사는 냉정하게 그를 밀어냅니다. 가족을 위해 희생했고, 사랑과 노력으로 일했지만, 사회는 그를 '쓸모없는 사람'으로 낙인찍습니다. 현대 직장인들도 비슷한 상황을 경험합니다. 성과 평가에서 밀리고, 승진에서 탈락하며, 자동화와 AI 도입으로 그간 쌓아온 기술과 경험이 쓸모없어지는 순간을 맞이합니다. 경제적 기여는 인정받을지 몰라도, 그들의 고통과 불안은 GDP에 기록되지 않습니다. 경제는 묻습니다. "얼마나 많은 거래와 성과가 있었나?" 하지만 묻지 않습니다. "그 거래와 성과가 사람을 얼마나 지치게 했는가?"

마지막 순간, 윌리는 가족에게 남길 보험금만을 생각합니다. 그의 선택은 단순한 절망이 아니라, '경제 논리에 희생된 인간'의 절규입니다. 현대 사회에서도 비슷한 장면을 볼 수 있습니다. 수십 년간 회사에 헌신했지만, 은퇴 후 준비되지 않은 노후와 가족 부양 문제를 걱정하며, 자신의 존재 가치를 '경제적 수치'로 환산하게 되는 사람들입니다. 윌리의 죽음은 개인의 비극이자, 자본주의 시스템이 인간을 효율성의 논리 속에서 소비하는 방식의 상징적 사건입니다.

아서 밀러는 GDP 중심 성장주의가 인간의 영혼을 얼마나 가볍게 다루는지를 폭로합니다. GDP 그래프는 상승할 수 있지만, 그 아래에는 수많은 '윌리 로먼들'의 눈물이 흐릅니다. 측정되지 않는 노동, 인정받지 못한 희생, 숫자 밖에 남은 감정—이것이 성장의 그림자입니다. 국가는 성장 수치를 자랑하지만, 인간은 그 안에서 점점 작아집니다. 경제의 성적표는 완벽할지 몰라도, 인간의 점수표는 비어 있습니다.

윌리 로먼은 경제적으로는 '생산자'였지만, 사회적으로는 '소모품'이었습니다. 시스템은 그를 효율성의 논리 속에서 버렸고, 그는 GDP의 그림자 속에서 생을 마쳤습니다. 그러나 그의 사랑, 자존심, 가족을 향한 절실한 마음은 어떤 경제지표로도 평가할 수 없는 진정한 가치입니다. 현대 직장인들도 때로는 효율과 숫자로만 평가되는 삶 속에서, 자신과 가족, 동료를 위해 숨은 가치를 쌓습니다. 그것이 바로 인간이 경제적 존재 이상임을 보여주는 증거입니다.

《세일즈맨의 죽음》은 우리에게 묻습니다. "경제가 성장할수록, 인간은 정말 더 행복해지는가?" GDP는 성장의 크기를 말할 뿐, 행복의 깊이를 알지 못합니다. 윌리는 성장의 신화를 좇다 신화에 삼켜진 현대인의 초상입니다. 아서 밀러는 말합니다. "숫자는 진실의 일부분만을 말할 뿐, 인간의 존엄은 언제나 그 너머에 존재한다."

결국 《세일즈맨의 죽음》은 자본주의가 만들어낸 '경제적 인간(Homo economicus)'의 허상을 벗겨내고, 숫자로는 계산되지 않는 인간의 온도와 존엄이 진정한 부임을 일깨우는, 문학과 경제학이 만나는 영원한 비극이자 성찰의 기록입니다.

GDP의 한계 – '행복'과 '질'은 측정하지 못한다

1974년, 미국의 경제학자 리처드 이스털린은 세상을 놀라게 하는 연구 결과를 발표했습니다. 그는 1946년부터 1970년까지 30개국의 자료를 분석한 끝에, "소득이 일정 수준을 넘어서면 행복은 더 이상 그만큼 늘어나지 않는다"는 결론을 내렸습니다. 사람들은 더 많이 벌수록 행복해질 것이라 믿었지만, 실제로는 그렇지 않았던 것입니다. 학자들은 이 현상을 '이스털린의 역설(Easterlin Paradox)'이라 부르게 되었죠.

이 연구는 경제 성장과 행복의 관계에 대한 기존의 통념을 뒤흔들었습니다. 그동안은 국민의 복지를 높이려면 소득을 늘리면 된다고 여겼지만, 이스털린의 연구는 "성장이 곧 행복은 아니다"라는 새로운 질문을 던졌습니다. 그 이후 학자들은 GDP간으로는 사람들의 삶의 질을 제대로 설명할 수 없다는 데 공감하게 되었고, 행복과 복지를 함께 고려하는 다양한 지표가 등장하기 시작했습니다.

사실 GDP는 한 나라의 경제 규모를 파악하는 데는 매우 유용한 지표입니다. 하지만 그 숫자는 단지 "얼마나 많이 만들고, 얼마나 많이 팔았는가"만 보여줄 뿐, 사람들의 삶이 얼마나 나아졌는가는 말해주지 않습니다. 예를 들어, 주부의 가사 노동이나 자원봉사 활동처럼 시장 밖에서 이뤄지는 가치 있는 일은 GDP에 포함되지 않습니다. 반대로 교통사고나 환경오염을 복구하기 의한 지출은 GDP를 높이지만, 그것이 삶의 질을 높인다고 볼 수는 없죠.

또한, GDP는 '총량'의 개념이라, 그 안에 담긴 부의 분배가 얼마나 불평등한지도 알려주지 않습니다. 그래서 한 나라의 GDP가 커졌다고 해서 모든 국민이 함께 잘살게 되는 것은 아닙니다. 소득의 격차가 크다면, 성장의 과실은 일부에게만 돌아가기 때문입니다.

이런 한계를 보완하기 위해 최근에는 행복지수, 인간개발지수(HDI), 국민총행복(GNH) 같은 새로운 지표들이 주목받고 있습니다. 이들은 소득뿐 아니라 건강, 교육, 환경, 관계의 질까지 함께 평가해 인간다운 삶을 측정하려 합니다.

결국, 진정한 발전이란 단순히 경제의 크기를 키우는 일이 아닙니다. 그 안에서 사람들이 얼마나 행복하고 존엄하게 살아가고 있는가를 함께 바라보는 것, 그것이 진짜 성장의 시작입니다.

GDP의 두 얼굴 - 숫자 너머의 성장 이야기

GDP, 즉 국내총생산은 한 나라의 경제 규모와 성장 속도를 보여주는 대표적인 지표입니다. 하지만 이 숫자 하나로 모든 것을 이해하기는 어렵습니다. 시간에 따른 변화를 제대로 읽으려면 명목 GDP와 실질 GDP의 차이를 알아야 합니다.

명목 GDP는 그해의 현재 가격으로 계산한 생산액입니다. 예를 들어 물가가 오르면 실제 생산량이 같더라도 GDP는 커질 수 있죠. 그래서 명목 GDP는 경제의 규모나 구조를 파악하는 데는 유용하지만, 실제 성장을 판단하기엔 한계가 있습니다.

반면 실질 GDP는 물가 변동의 영향을 제거한 값입니다. 기준연도의 가격을 기준으로 계산하기 때문에, 경제가 실제로 얼마나 더 많이 생산했는지를 보여줍니다. 예를 들어 2024년에 햄버거 100개를 개당 1,000원에 팔아 10만 원의 GDP를 기록했고, 2025년에 같은 100개를 개당 1,200원에 팔아 12만 원이 되었다면, 명목 GDP는 늘었지만 실질 GDP는 변하지 않습니다. 물가가 오른 것뿐, 생산량은 그대로이기 때문이죠. 결국, 실질 GDP가 바로 경제의 '진짜 성장'을 보여주는 지표입니다.

하지만 GDP 수치만으로 경제의 건강 상태를 완전히 판단할 수는 없습니다. 뉴스에서 "경제가 성장했다"는 말을 들을 때는, 그것이 명목 기준인지 실질 기준인지 먼저 살펴야 합니다. 또 그 변화가 소비, 투자, 정부 지출, 수출입 중 어디에서 비롯된 것인지도 함께 봐야 합니다.

무엇보다 GDP는 "얼마나 많이 만들었는가"를 알려줄 뿐, 그 부가 누구에게, 어떤 방식으로 나누어졌는가는 말해 주지 않습니다. 그래서 소득 분배(지니계수), 고용률, 물가, 환경, 삶의 질 같은 지표를 함께 봐야 비로소 경제의 진짜 얼굴을 알 수 있습니다.

결국, GDP는 국가의 생산 성적표와 같습니다. 그러나 숫자가 높다고 해서 국민이 행복하다는 뜻은 아닙니다. 진짜 성장은 단순히 그래프의 선이 올라가는 것이 아니라, 그 안에 담긴 사람들의 삶과 인간다운 풍요가 함께 커질 때 완성됩니다.

경제의 체온계: 물가(Price)와 물가 지수(Price Index)

"왜 작년에는 1만 원으로 햄버거 세트를 두 개 살 수 있었는데, 올해는 하나밖에 못 살까요?" 그 이유는 바로 물가(Price) 때문입니다. 물가는 돈의 가치를 결정하는 경제의 체온계와 같습니다. 돈의 가치가 변하면 우리가 살 수 있는 물건의 양도 달라지기 때문입니다.

물가가 전체적으로 얼마나 오르거나 내리는지를 알아보기 위해 물가 지수(Price Index)를 사용합니다. 뉴스에서 자주 듣는 소비자물가지수(CPI)가 대표적인 예입니다. CPI는 사람들이 매일 사는 다양한 상품과 서비스의 가격을 종합해, 시간이 지나면서 전체 가격 수준이 얼마나 변했는지를 보여줍니다. 이 외에도 생산자물가지수(PPI)는 기업들이 생산 과정에서 주고받는 상품의 가격 변화를, GDP 디플레이터(GDP Deflator)는 우리나라에서 생산된 모든 상품과 서비스 가격 변동을 종합적으로 보여줍니다.

예를 들어 1980년대에는 햄버거 하나가 1,000원 정도였지만, 지금은 5,000원 이상을 내야 살 수 있습니다. 햄버거가 5배나 맛있어진 것이 아니라, 돈의 가치가 그만큼 떨어졌기 때문입니다. 이렇게 시간이 지나면서 돈의 가치가 줄어드는 현상을 인플레이션이라고 합니다. 인플레이션이 일어나면 같은 돈으로 살 수 있는 물건의 양이 줄어 구매력(Purchasing Power)이 약해집니다.

물가의 변화는 단순히 물건값이 오르는 문제가 아닙니다. 가계의 실제 소득을 줄이고, 기업의 비용을 높이며, 미래 경제에 대한 불안정성을 키우는 등 사회 전반에 큰 영향을 미칩니다. 결국, 물가는 단순한 '가격' 문제가 아니라, 돈의 가치와 경제의 건강을 보여주는 핵심 지표인 셈입니다. 햄버거 가격처럼 사소해 보이는 일상 속 사례에도 인플레이션이라는 큰 경제 흐름이 숨어 있습니다. 따라서 물가를 이해한다는 것은 단순히 숫자를 아는 것이 아니라, 경제의 움직임을 읽는 눈을 기르는 일과 같습니다.

《개선문(Arch of Triumph)》 속 인플레이션의 그림자

에리히 마리아 레마르크(Erich Maria Remarque)는 전쟁이 끝난 뒤에도 사라지지 않는 상처의 시대를 기록한 작가입니다. 그는 제1차 세계대전의 참호 속에서 청춘을 잃었고, 전쟁이 끝난 뒤 독일을 덮친 초인플레이션(hyperinflation) 속에서 돈이 무너질 때 인간의 신뢰가 어떻게 함께 붕괴하는지를 직접 겪었습니다.

대표작 《서부 전선 이상 없다》가 총성과 혼란 속에서 인간성을 해부했다면, 《개선문(Arch of Triumph)》은 그 이후의 세계를 바라봅니다. 전쟁은 끝났지만, 경제는 폐허로 남아 있었고, 불안정한 화폐는 여전히 인간의 존엄을 흔들고 있었습니다.

주인공 라비크(Ravic)는 나치의 박해를 피해 파리로 도망친 망명 외과 의사입니다. 그는 신분을 잃은 채 불법으로 수술을 하며 살아갑니다. 손끝으로는 생명을 살리지만, 그의 이름은 서류 어디에도 없습니다. 그는 '존재하지만 존재하지 않는 인간'입니다. 그가 받는 보수 역시 합법과 불법의 경계에서 늘 깎입니다.

개선문

경제학적으로 보면, 라비크의 삶은 실질임금의 붕괴를 보여 줍니다. 명목상의 수입은 있지만, 제도적 차별과 불확실성 속에서 그의 노동은 점점 구매력을 잃어갑니다. 이는 물가는 치솟는데 월급은 그대로여서 장바구니가 점점 비어 가는 오늘날의 모습과 닮아 있습니다. 라비크의 수술대는 생명을 살리는 공간이자, 무너진 경제 질서 속에서 인간 가치가 시험되는 실험실입니다.

작품 속 파리는 단순한 배경이 아닙니다. 이 도시는 화폐가 제 기능을 잃은 사회의 은유입니다. 통화 가치는 하루가 다르게 흔들리고, 오늘의 지폐는 내일이면 휴지 조각이 됩니다. 사람들은 내일의 가격을 예측할 수 없어 소비를 미루고, 불안이 커질수록 '불확실성 프리미엄'은 치솟습니다. 이는 글로벌 금융 위기나 급격한 환율 변동 앞에서 소비가 얼어붙는 오늘날의 풍경과도 겹칩니다.

미래가 불안할수록 사람들은 공동체보다 개인의 생존을 선택하고, 투자 대신 은닉을, 신뢰 대신 의심을 택합니다. 레가르크는 이것이야말로 인플레이션의 진짜 얼굴이라고 말합니다. 그것은 단순한 '가격 상승'이 아니라, '신뢰의 붕괴'입니다.

라비크와 그의 동료 망명자들은 화폐뿐 아니라 자기 자신에 대한 신뢰까지 잃어갑니다. 과거의 직업과 이름, 국적과 존엄은 무너지고, 지갑은 노동의 대가가 아니라 불안의 상징이 됩니다. 돈이 신뢰를 잃자 인간의 가치 체계도 함께 붕괴합니다.

'돈은 약속이다.' 그러나 그 약속이 깨지는 순간, 시간과 노동, 사랑마저 거래 불가능한 불신의 세계로 추락합니다. 레마르크는 묻습니다. "돈이 더 이상 약속을 지키지 못하는 세상에서, 인간은 무엇으로 인간다움을 지킬 것인가?"

《개선문》은 전쟁 이후의 경제 혼란을 넘어, 인간 내면에서 벌어지는 신뢰의 전쟁을 그린 작품입니다. 초인플레이션은 단순한 통화의 붕괴가 아니라 사회적 신뢰의 붕괴입니다. 돈은 사라져도 인간의 존엄은 남아야 하지만, 레마르크의 인물들은 그 존엄마저 지켜 내지 못합니다. 라비크의 삶은 잃어버린 화폐의 신뢰이자, 되돌릴 수 없는 시간의 가치 그 자체입니다.

오늘날의 우리 역시 통화와 자산의 가치가 요동칠 때 불안해하고, 약속과 계약이 무너질 때 인간관계까지 흔들리는 장면을 목격합니다.

그래서 레마르크는 마지막으로 다시 묻습니다. "가격이 무너진 세상에서, 인간의 가치는 어디에 남는가?"

《개선문》은 그 질문에 대한 문학적 응답이자, 인플레이션이 훔쳐 간 신뢰·존엄·시간을 애도하는 기록입니다. 전쟁의 총성은 멎었지만, 돈의 붕괴가 남긴 잔향 속에서 레마르크는 조용히 증언합니다. "가장 큰 붕괴는 경제가 아니라, 인간의 마음에서 시작된다."

완벽한 도둑, 인플레이션의 비밀

소설 《레 미제라블》의 장발장은 가족이 굶주리자 빵 한 조각을 훔쳤다가 무려 19년 동안 감옥살이를 합니다. 절도는 분명 잘못이지만, 형벌이 지나치게 가혹하다는 생각이 들죠. 그런데 흥미롭게도 사람들은 이렇게 눈에 보이는 빵 도둑에게는 분노하면서, 자신들의 돈을 조금씩 훔쳐 가는 '보이지 않는 도둑'에는 상대적으로 관대합니다. 그 도둑의 이름은 바로 인플레이션입니다.

인플레이션은 물가가 전반적으로 오르면서 돈의 가치가 떨어지는 현상을 말합니다. 쉽게 말해, 같은 물건을 사는데 예전보다 더 많은 돈을 내야 하는 상황이죠. 예를 들어 1만 원으로 5천 원짜리 비빔밥 두 그릇을 먹을 수 있었는데, 물가가 두 배로 오르면 이제 1만 원으로 비빔밥 한 그릇밖에 못 사게 됩니다. 눈에 보이지 않게 돈의 가치가 절반으로 줄어드는 셈입니다. 그래서 인플레이션은 '흔적도 남기지 않는 완벽한 도둑'이라고도 불립니다.

인플레이션이 일어나면 단순히 물가만 오르는 것이 아니라, 사회 전체에 여러 부담이 생깁니다. 먼저 메뉴 비용(menu costs)이 있습니다. 물가가 자주 변하면 기업은 가격표를 바꾸고 광고를 수정해야 하는데, 이런 과정에서 시간과 비용이 들어갑니다. 햄버거 가게에서 재료비가 오르면 메뉴판을 새로 만들고 홍보물도 손봐야 하죠. 요즘은 디지털 메뉴판 덕분에 직접적인 비용은 줄었지만, '언제, 얼마나 올릴까?' 고민하는 부담은 여전히 남습니다.

다음은 구두창 비용(shoeleather costs)입니다. 인플레이션이 예상되면 사람들은 현금을 오래 들고 다니지 않으려 하고, 은행을 자주 오가며 돈을 맡기거나 인출하게 됩니다. 예전에는 정말 구두창이 닳는다고 해서 붙은 이름이지만, 요즘은 인터넷뱅킹과 모바일 결제 덕분에 물리적 움직임은 줄었어도, 여전히 사람들은 돈을

당백전과 경복궁 중건

관리하는 데 시간과 노력을 씁니다.

하지만 인플레이션이 심해지면 경제는 큰 혼란에 빠집니다. 초인플레이션은 물가가 하루에도 몇 번씩 오르는 상황을 말합니다. "점심을 먹기 전에 값을 내는 것이, 먹고 나서 내는 것보다 싸다"는 말이 생길 정도죠. 역사적으로 이런 극단적 상황은 정부가 재정 적자를 메우기 위해 화폐를 무분별하게 찍어낼 때 발생했습니다.

우리나라에서도 조선 후기 '당백전(當百錢)'이 대표적인 사례입니다. 대원군은 경복궁 중건과 국방비 조달을 위해 당백전을 발행했습니다. 이 화폐는 상평통보보다 금속 함량은 약 6배 많았지만, 명목 가치는 무려 100배에 달했습니다. 대원군은 이 차액을 재정

자금으로 활용하려 했지만, 결과는 참담했습니다. 발행 후 1~2년 만에 쌀값이 6배 가까이 폭등하며 경제 전반에 큰 혼란이 일어난 것입니다.

'땡전 한 푼 없다'라는 말에 등장하는 '땡전'도 여기서 비롯되었습니다. 물가 폭등으로 삶이 어려워지자, 백성들은 당백전의 '백(百)' 자를 빼고 '당전'이라 부르다가 분노를 담아 강하게 발음하면서 '땅전', 그리고 오늘날의 '땡전'이 된 것입니다.

결국, 인플레이션은 단순히 물가가 오르는 문제가 아닙니다. 개인, 기업, 정부 모두에게 영향을 미치는 복합적인 현상입니다. 돈이 너무 많이 풀리면 화폐 가치는 떨어지고, 사회 전체가 불안정해집니다. 경제를 안정적으로 움직이려면 통화량을 적절히 조절하고 물가를 안정시키는 균형이 필요합니다. 이는 국민의 삶을 지키는 첫걸음이라고 할 수 있습니다.

왜 물가는 오를까: 수요와 공급으로 읽는 가장 쉬운 인플레이션 이야기

물가는 하나의 상품 가격이 오르내리는 것과 비슷해 보이지만, 실제로는 경제 전체의 수요와 공급이 어떻게 움직이느냐에 따라 달라집니다. 그래서 물가는 때로는 빠르게 치솟고, 때로는 안정되며, 때로는 오히려 떨어지기도 합니다.

먼저 수요가 너무 빨리 늘어날 때 나타나는 현상이 있습니다. 이것을 '수요 견인 인플레이션(Demand-pull Inflation)'이라고 합니다. 사람들이 소비를 늘리고, 기업이 설비 투자를 확대하고, 정부가 지출을 크게 늘리면 경제 전체의 수요가 한꺼번에 올라갑니다. 그러면 물가는 자연스럽게 상승합니다. 실제로 경기 호황기에는 "사는 사람이 너무 많다"는 이유만으로도 가격이 오르는 일이 자주 일어납니다. 최근에는 여행 수요가 폭발하면서 항공권과 숙박비가 급등한 현상이 대표적인 예입니다. 수요가 몰리면 가격이 올라가는 가장 단순하고 강력한 법칙입니다.

반대로 공급 쪽에서 문제가 생겨도 물가는 오릅니다. 이것이 '비용 인상 인플레이션(Cost-push Inflation)'입니다. 물건을 만드는 데 필요한 원자재 값이나 운송비, 임금이 크게 오르면 기업의 생산비가 상승합니다. 그러면 기업은 손해를 막기 위해 판매 가격을 올릴 수밖에 없습니다. 최근 전 세계적으로 물류비와 원자재 가격이 급등했던 시기가 있었는데, 그때 식품·생활용품 가격이 한꺼번에 올라 많은 소비자가 부담을 느꼈습니다. 공급 측에서 발생한 문제는 소비자에게 고스란히 가격 상승으로 전해집니다.

경기가 좋지 않은데 물가만 오르는 특별한 상황도 있습니다. 이것이 바로 '스태그플레이션(Stagflation)'입니다. 경기는 침체되는데, 생산비 상승 때문에 물가는 계속 오르는 모습입니다. 1970년대 두 차례의 석유 파동 때가 대표적입니다. 석유 가격이 폭등하면서 세계 경제는 크게 흔들렸고, 물가는 뛰었으며, 소비와 생산은 동시에 위축되었습니다. 최근에도 국제 분쟁이나 공급망 충격이 발생할 때마다 스태그플레이션 우려가 반복됩니다.

인플레이션은 경제 주체들의 선택에 큰 영향을 미치는 중요한 현상입니다. 그래서 물가가 왜 오르는지 정확하게 이해하고, 상황에 맞는 대책을 세우는 것이 중요합니다. 수요 견인 인플레이션으로 경기가 과열되면 가계는 과소비를 자제해야 합니다. 기업은 무리한 투자를 줄여야 하고, 정부도 지출을 조절하며 시중에 풀린 돈의 양을 적절히 관리해야 합니다.

반대로 비용 인상 인플레이션을 해결하려면 생산비를 낮추기 위한 노력이 필요합니다. 기업은 기술 개발로 생산성을 높이고, 원자재 수입 경로를 다양화하며 위기 상황에 대비해야 합니다. 최근 많은 기업이 친환경 에너지나 자동화 시스템을 도입하는 이유도 바로 이런 비용 절감 효과 때문입니다.

결국, 인플레이션은 경제 전체의 움직임을 비추는 거울입니다. 수요와 공급이 어떤 방향으로 흐르고 있는지를 이해하면, 물가의 변화도 자연스럽게 읽히게 됩니다. 경제를 바라보는 눈을 기르는 것, 그것이 물가를 이해하는 첫걸음입니다.

인플레이션 시대, 지갑을 지키는 현명한 전략

인플레이션은 경제 뉴스 속 차가운 숫자가 아닙니다. 그것은 우리의 일상 속에서 조용히 끓어오르는 삶의 온도이자, 지갑 속에서 묵직하게 느껴지는 현실의 무게입니다. 물가가 오르고 돈의 가치가 떨어질 때, 통장의 숫자는 그대로인데 마음은 점점 가벼워집니다. 마치 따뜻하던 물이 서서히 끓어오르듯, 우리는 변화를 눈치채지 못한 채 인플레이션의 열기에 익숙해져 갑니다. 그래서 인플레이션은 경제 이론이 아니라 삶이 들려주는 체험의 언어입니다. 결국, 우리가 던져야 할 질문은 "얼마나 많이 버는가?"가 아니라, "얼마나 잘 지키는가?"입니다.

그렇다면 불안정한 시대를 살아가는 우리는 어떻게 해야 할까요?

우선 물가를 읽는 눈을 길러야 합니다. GDP가 '경제의 크기'를 보여준다면, 물가는 '돈의 무게'를 말합니다. 단순히 "물가가 올랐다"라고 말하는 대신, "왜 올랐는가?"를 물어야 합니다. 원자재 가격이 치솟았는지, 소비가 한꺼번에 몰렸는지, 아니면 공급의 흐름이 막혔는지 그 이유를 읽을 줄 알아야 합니다. 소비자물가지수(CPI), 생산자물가지수(PPI), GDP 디플레이터 같은 지표들은 단순한 숫자가 아닙니다. 그것은 우리가 살아가는 세상의 체온계이자 심장 박동입니다. 숫자 너머의 의미를 읽는 순간, 우리는 경제의 흐름이 아니라 그 맥박과 호흡을 이해하게 됩니다.

결국, 인플레이션 시대의 진짜 목표는 불안 속에서도 삶의 균형을 지키는 일입니다. 돈의 가치가 흔들릴 때, 현명한 사람은 더 벌기보다 더 오래 지키는 법을 배웁니다. 성장보다 지속, 속도보다 안정, 욕망보다 통찰. 그것이 인플레이션의 시대를 건너는 가장 우아한 생존법입니다.

그리고 그 길의 끝에서, 우리 모두에게 남는 질문은 하나뿐입니다.

"당신은 지금, 돈을 벌고 있습니까? 아니면 잃지 않는 법을 배우고 있습니까?"

03 실업과 인간의 존엄 — 《분노의 포도》

실업: 노동 시장의 가장 어두운 그림자

'패닉(panic)'이라는 말은 원래 아주 오래된 이야기에서 시작됩니다. 그 뿌리는 그리스 신화 속의 신 팬(Pan)입니다. 전설에 따르면, 팬이 태어났을 때 사람들은 한순간에 얼어붙었다고 합니다. 상반신은 인간이었지만 얼굴은 수염으로 뒤덮여 있었고, 머리에는 뿔이 솟아 있었으며, 하반신은 염소의 다리와 꼬리를 가진 존재였기 때문입니다. 익숙한 것과 낯선 것이 뒤섞인 그 모습은 설명할 수 없는 공포를 불러일으켰습니다. 그때 사람들이 느낀 갑작

그리스 신화 속의 신, 팬(Pan)

스럽고 집단적인 두려움, 바로 그것이 오늘날 우리가 말하는 '패닉'의 원형입니다.

인류가 이 패닉의 힘을 가장 처절하게 체험한 순간은 1930년대 세계 대공황이었습니다. 경제가 무너지자 일자리는 순식간에 사라졌고, 거리는 실업자로 가득 찼습니다. 이 실업은 개인의 무능이나 태만의 결과가 아니었습니다. 사회 전체를 덮친 거대한 붕괴, 누구도 피할 수 없는 재앙이었습니다.

당시를 살아낸 사람들의 증언은 숫자보다 더 많은 것을 말해 줍니다. 한 아버지는 매일 아침 양복을 말끔히 차려입고 집을 나섰습니다. 겉으로 보기엔 평소와 다를 바 없는 출근길이었지만, 사실 그는 이미 직장을 잃은 상태였습니다. 가족에게 그 사실을 말할 수 없어 그는 하루 종일 공원 벤치에 앉아 시간을 보내다, 해가 지면 아무 일도 없었다는 듯 집으로 돌아왔습니다. 놀라운 것은 가족들도 이미 진실을 알고 있었다는 점입니다. 하지만 누구도 그

연극을 멈추지 않았습니다. 실업이라는 사실보다, 그것이 남길 상처가 더 두려웠기 때문입니다.

이 장면은 실업이 단순히 '돈을 벌지 못하는 상태'가 아님을 보여 줍니다. 실업은 인간이 사회에서 맡아 온 역할을 무너뜨리고, 스스로에 대한 존중을 갉아먹습니다. 불안과 우울, 침묵과 갈등이 가정 안으로 스며듭니다. 이런 고통은 어떤 통계표어도 온전히 담기지 않습니다.

그래서 경제학자들은 실업률이라는 지표를 만들어 노동 시장의 상태를 측정합니다. 하지만 숫자를 읽는 것만으로는 충분하지 않습니다. 더 중요한 질문은 이것입니다. 왜 실업이 발생했는가? 그리고 그 원인은 개인에게 있는가, 구조에 있는가? GDP가 높고 물가가 안정되어 있어도, 많은 사람이 일할 기회를 잃은 사회라면 그것을 건강한 경제라고 부를 수는 없습니다.

실업은 개인에게서 소득과 자존감을 동시에 빼앗고, 사회에는 생산의 손실과 재정 부담, 그리고 보이지 않는 불안을 남깁니다. 그래서 실업을 바라본다는 것은 단순히 경제 지표를 분석하는 일이 아닙니다. 그것은 "경제는 과연 사람을 위해 존저하는가"라는 질문과 마주하는 일입니다.

노동 시장의 모습은 한 사회의 민낯입니다. 복지의 수준, 교육의 방향, 산업 구조의 선택이 모두 그 안에 드러납니다. 그런 의미에서 실업은 단순한 경제 현상이 아니라, 인간과 사회를 동시에 비추는 거울입니다. 그리고 패닉은 언제나 숫자가 아니라, 사람의 삶 속에서 시작됩니다.

대공황과 이주 노동자의 비애: 존 스타인벡의 '분노의 포도'

존 스타인벡(John Steinbeck)의 《분노의 포도(The Grapes of Wrath)》는 단순히 한 가족의 몰락을 그린 소설이 아닙니다. 이 작품은 경제가 무너질 때 인간이 어떻게 함께 무너지는지를 보여 주는, 가장 뜨겁고도 처절한 경제학적 드라마입니다. 1930년대 대공황이라는 역사적 현실 속에서 스타인벡은 인간이 더 이상 이름이 아니라 숫자로 평가되는 사회의 잔혹함을 기록했습니다.

조드 일가는 오클라호마의 평범한 농부였습니다. 그러나 가뭄

분노의 포도

과 토양의 황폐화, 농산물 가격 폭락이 한꺼번에 덮치면서 그들의 삶은 속수무책으로 붕괴됩니다. 은행은 냉정했고, 빚을 갚지 못한 농부들의 땅은 기계처럼 압류되었습니다. 사람의 눈물은 계산서에 들어가지 않았습니다. 조드 가족은 트럭 한 대에 삶의 잔해를 싣고 '희망'이라는 이름의 캘리포니아로 향하지만, 그곳에서 기다린 것은 일자리보다 먼저 도착한 절망이었습니다.

스타인벡은 분명히 말합니다. "그들의 몰락은 게으름 때문이 아니다." 조드 가족의 비극은 개인의 실패가 아니라, 경제 붕괴가 만들어 낸 구조적 실업의 결과였습니다. 생산과 소비는 동시에 얼어붙었고, 기업은 문을 닫았으며, 농산물은 제값을 잃었습니다. 은행과 대기업은 땅을 가져갔고, 사람들은 일터와 정체성을 함께 잃었습니다. 그는 독자에게 묻습니다. "정말 일을 하지 않아서 가난한가, 아니면 일이 사라져서 가난한가?"

캘리포니아에서 조드 가족을 기다린 것은 새로운 기회가 아니라 끝없는 경쟁이었습니다. 수천 명의 이주민이 한꺼번에 몰려들었고, 일자리는 턱없이 부족했습니다. 노동 공급이 넘치자 임금은 바닥까지 떨어졌습니다. 하루 종일 일해도 가족이 굶주리는 현실, 이것이 바로 노동 시장의 불균형이 낳은 '임금 침체'입니다. 스타인벡은 시장의 논리가 인간의 생존을 얼마나 차갑게 숫자로 환원하는지를 정면으로 보여 줍니다.

그러나 《분노의 포도》가 위대한 이유는 이 작품이 단순한 경제
보고서가 아니기 때문입니다. 스타인벡은 '일'이 인간에게 갖는
존재론적 의미를 집요하게 파고듭니다. 일할 수 없다는 것은 단
지 돈을 벌지 못한다는 뜻이 아닙니다. 그것은 "나는 쓸모 있는
존재다"라는 자기 확신을 잃는 일입니다. 경제학에서는 이를 '심
리적 실업비용'이라 부르지만, 스타인벡은 이를 통계가 아니라
피와 눈물로 증명합니다. 조드 가족이 잃은 것은 임금이 아니라
존엄이었습니다. 그들의 굶주림은 배고픔이 아니라 존재의 결핍
이었습니다.

스타인벡은 실업이 낳은 계급 갈등의 민낯도 숨기지 않습니다.
캘리포니아의 대농장주들은 절박한 이주민을 이용해 임금을 더
낮추고, 폭력과 공포로 노동자들의 단결을 막습니다. 경제학적으
로 이는 '노동시장 독점'의 전형적인 구조입니다. 고용주가 소수
일수록 노동자는 많아도 협상력을 잃습니다. 자유시장이라는 이
름 아래, 자유를 가장 먼저 빼앗기는 쪽은 언제나 노동자였습니
다. 스타인벡은 경고합니다. "보이지 않는 손이 모두를 구원하지
는 않는다."

놀랍게도 오늘날의 우리는 조드 가족과 그리 멀리 떨어져 있지
않습니다. 계약직과 비정규직, 프리랜서와 스타트업 노동자들은
매달 월급을 받지만, 집값과 생활비, 대출 이자 앞에서 실질 구매

력은 늘 불안합니다. 하루 종일 일해도 미래는 보장도 지 않고, 사
회적 안전망은 충분하지 않습니다. 치열한 경쟁과 낮은 임금, 불
안정한 계약 속에서 현대의 노동자 역시 존엄과 자율성을 위협받
고 있습니다. 스타인벡의 문장은 1930년대 미국 농촌을 넘어, 오
늘의 도시와 청년 세대에게도 그대로 울립니다.

결국 《분노의 포도》는 실업과 경제적 압박을 단순한 숫자의 문
제가 아니라 인간의 존엄과 삶의 방식의 문제로 끌어올린 작품입
니다. 일하지 못한다는 이유로 사회에서 쓸모없는 존재가 되는 순
간, 인간의 온도와 가치는 함께 무너집니다. 스타인벡은 분명히
말합니다. "경제는 인간을 위해 존재해야지, 인간이 경제를 위해
존재해서는 안 된다."

그리고 그는 다시 묻습니다. "경제 성장과 효율성이 모든 것을
대신할 수 있을 때, 인간의 온도는 어디로 사라지는가?"

그의 대답은 단호합니다. 경제의 건강은 GDP가 아니라 인간의
존엄으로 측정되어야 합니다. 《분노의 포도》는 대공황의 기록을
넘어, 오늘날에도 노동 없는 성장과 인간을 잊은 효율성 속에서
우리가 다시 조드 가족의 길 위에 서지 않도록 경고하는, 여전히
살아 있는 서사입니다.

실업의 정의와 유형 - 숫자 뒤에 숨은 진짜 이야기

　사람들은 일터에서 근무하고, 그 대가로 소득을 얻어 생활합니다. 그런데 일할 능력과 의지는 있지만, 일자리를 얻지 못하는 사람들이 있습니다. 이런 상태를 '실업'이라고 하고, 그런 사람을 '실업자'라고 부릅니다.

　실업이 얼마나 심한지를 보여주는 대표적인 지표가 실업률입니다. 실업률은 경제활동인구 중 실업자가 차지하는 비율을 뜻합니다. 우리나라에서는 통계청이 매달 경제활동인구 조사를 통해 실업률과 고용률 등 다양한 지표를 발표합니다. 경제활동인구란 15

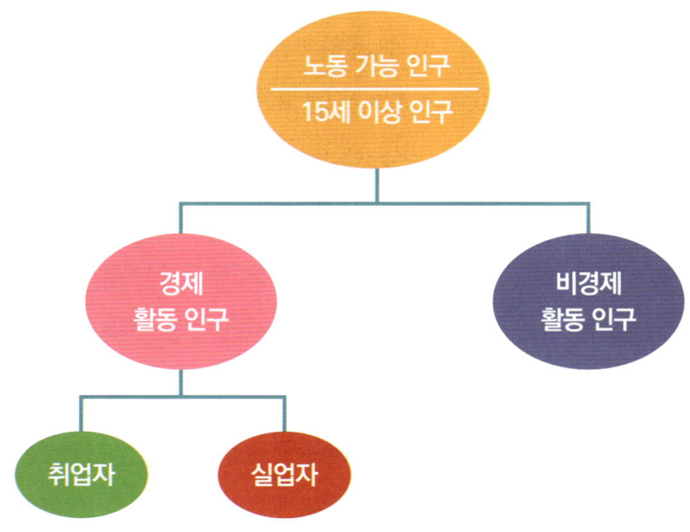

경제 활동 인구와 비경제 활동 인구

세 이상 인구 중 일할 의사가 있는 사람을 말하며, 여기에는 수입이 있는 일뿐 아니라 가족 사업을 위해 일정 시간 이상 일하는 무급 가족 종사자도 포함됩니다. 반대로 전업주부, 학생, 고시 공부를 하는 사람, 구직을 포기한 사람(실망 실업자) 등은 비경제활동인구로 분류되기 때문에 실업률 계산에는 포함되지 않아 실제 실업률과는 괴리가 있습니다.

이 때문에 실제 체감 실업률은 공식 수치보다 높게 느껴질 때가 많습니다. 따라서 실업률만 보는 것보다 노동 가능 인구 중 취업자의 비중을 파악하는 고용률, 연령대별 고용 현황, 비경제활동인구 추이까지 함께 살펴야 경제 현실을 제대로 이해할 수 있습니다.

실업은 발생 원인에 따라 여러 형태로 나뉘며, 그에 맞는 대책도 다릅니다. 첫째, 마찰적 실업은 일자리를 옮기거나 졸업 후 새 일을 찾는 과정에서 생기는 일시적 실업으로, 취업 정보 부족이나 구직 기간이 원인입니다. 따라서 일자리 정보 제공과 직업 상담이 잘 이루어지면 줄일 수 있습니다. 둘째, 구조적 실업은 산업 구조의 변화나 기술 발전으로 기존 일자리와 노동자의 능력이 맞지 않을 때 생깁니다. 예를 들어 자동화로 일자리가 사라지거나 탄광이 폐쇄되는 경우가 이에 해당하며, 직업 재교육과 지역 이동 지원이 필요합니다. 셋째, 경기적 실업은 경기 침체로 기업이 생산을 줄이고 고용을 축소할 때 발생합니다. 팬데믹 시기의 대량 해고처럼 총수요가 줄어드는 것이 원인일 때는 정부의 재정 확대나 금리 인하 같은 거시경제 정책이 도움이 됩니다. 넷째, 계절적 실업은 농번기 일용직이나 스키장 강사처럼 계절에 따라 일자리가 늘었다 줄어드는 현상으로, 이를 보완하기 위해 보조 소득이나 직업 전환 훈련이 필요합니다.

이처럼 실업률이라는 숫자 안에는 다양한 원인과 사람들의 이야기가 숨어 있습니다. 실업은 단순히 "일이 없다"는 문제가 아니라, 경제 구조와 기술 발전, 경기 흐름, 개인 선택이 얽혀 나타나는 복합적인 현상입니다. 그래서 실업을 들여다보는 일은 단순한 통계 분석이 아니라, 사람들의 삶과 경제 현실을 비추는 거울이 되는 것입니다.

실업의 비용: 개인의 비극을 넘어선 사회적 손실

실업은 단순히 일이 없는 상태가 아닙니다. 개인과 사회 전체, 그리고 경제의 건강까지 흔드는 중대한 문제입니다.

개인에게 먼저 찾아오는 것은 소득의 상실입니다. 돈이 줄어들면 생활이 불안정해지고, 삶의 균형이 깨집니다. 하지만 더 큰 문제는 정신적 충격입니다. 사람은 노동을 통해 사회 속에서 자신의 존재 가치를 느끼고 자존감을 유지합니다. 그런데 일자리를 잃으면 "나는 더 이상 쓸모없는 사람일까?"라는 생각에 빠지며 불안, 우울, 무기력감이 찾아옵니다. 이런 마음의 부담은 가족 갈등, 친구와의 단절, 건강 악화로 이어지면서 삶 전체를 흔듭니다.

국가 입장에서 실업은 단순히 한 사람의 문제가 아니라, 나라 전체 경제에도 영향을 미칩니다. 사람들이 일할 수 있는데 일을 하지 못하면, 나라가 만들어낼 수 있는 재화와 서비스의 양, 즉 GDP가 최대치에 도달하지 못합니다. 이렇게 실제 생산량과 최대 생산량 사이의 차이를 산출 갭(Output Gap)이라고 부릅니다. 실업이 많아지면 경제가 효율적으로 움직이지 못한다는 뜻입니다.

또한, 실업자가 많아질 경우 세금을 낼 사람은 줄고, 대신 실업 급여나 복지 지원처럼 정부가 지원해야 할 돈은 늘어나 국가 재정에도 부담이 생깁니다. 쉽게 말해, 사람들이 노동하지 않으면 경제가 덜 돌아가고, 정부가 쓰는 돈은 더 많아지는 구조입니다.

더 심각한 문제는 실업이 오래 지속될 때 나타납니다. 실업자가 늘어나면 범죄율과 빈곤율이 높아지고, 가계부채가 증가하며, 결혼과 출산이 늦어집니다. 특히 청년층이 오랜 기간 일자리를 얻지 못하면, 경력 단절로 능력이 손상되고, 이는 장기적으로 국가 성장의 발목을 잡습니다.

결국, 실업 문제는 단순한 복지나 도덕의 문제가 아닙니다. 한 사람의 실업은 그 개인의 불행에 그치지 않고, 사회 전체의 활력과 국가 경제의 미래를 위협하는 문제입니다. 실업을 이해한다는 것은, 경제가 단순히 숫자와 거래가 아니라 사람들의 삶과 사회 구조 전체에 얼마나 큰 영향을 미치는지를 보는 일입니다.

8장

돈의 본질과 금융의 세계

01 종이 한 장에 담긴 신뢰의 힘 ―《위대한 개츠비》

화폐: 현대 경제를 가능하게 하는 핵심 발명

우리는 GDP와 물가로 경제의 '체온'을 재지만, 그 체온이 실제 거래로 이어지려면 화폐라는 윤활유가 필요합니다. 만약 화폐가 없다면 어떤 일이 벌어질까요?

한 직장인이 아침에 커피를 사러 간다고 상상해 봅시다. 그는 지갑 대신 사과 두 개와 노트북 배터리를 들고 있습니다. 카페 사장에게 "사과 두 개랑 커피 한 잔 바꿀래요?"라고 물었지만, 사장은 "사과 말고 배터리가 필요해요"라고 합니다. 그럼 그는 배터리를 얻기 위해 다른 상점을 찾아다니지만, 또 다른 상점에서는 "배터리 대신 빵이 필요하다"는 말을 듣게 됩니다. 결국, 커피 한 잔을 얻기 위해 하루 종일 도시를 헤매야 할지도 모릅니다.

이처럼 화폐가 없는 사회에서는 모든 거래가 맞교환(물물교환)으로 이루어져야 합니다. 서로가 서로 원하는 물건을 동시에 소유하고 있어야 거래가 성립되는데, 경제학에서는 이를 욕구의 일치(double coincidence of wants) 문제라고 부릅니다. 현실에서는 이런 상황이 거의 일어나지 않죠.

여기서 등장한 것이 바로 화폐입니다. 화폐는 복잡한 교환 과정을 단순화하고, 사람들 사이의 거래를 빠르고 매끄럽게 연결하는 사회적 약속의 수단입니다. 덕분에 우리는 사과를 팔고 받은 돈으로 커피를 사고, 남은 돈으로 점심을 사며, 또 다른 누군가에게 급여를 줄 수 있습니다. 화폐가 없다면 수많은 거래가 중간에서 막혀 경제는 순식간에 멈춰 버립니다.

즉, 화폐는 단순한 '돈'이 아니라, 복잡한 시장을 움직이는 혈액과 같은 존재입니다. 화폐 덕분에 사람들은 더 쉽게 거래하고, 기업은 급여를 지급하며, 시장은 원활히 작동할 수 있죠.

이제 화폐가 왜 이런 역할을 수행하는지, 그리고 경제 속에서 어떤 힘을 발휘하는지를 살펴볼 차례입니다.

부패한 황금의 시대: F. 스콧 피츠제럴드의 '위대한 개츠비'

F. 스콧 피츠제럴드(F. Scott Fitzgerald)의 《위대한 개츠비(The Great Gatsby)》는 1920년대 재즈 시대(Jazz Age) 미국을 배경으로, 부와 욕망이 뒤엉킨 사회의 민낯을 그린 작품입니다. 산업과 금융이 폭발적으로 성장하던 이 시기, 사람들은 부를 곧 성공이라 믿었고 사치를 행복의 증거로 착각했습니다. 그러나 그 화려함의 이면에는 실체 없는 거품경제가 숨 쉬고 있었습니다. 겉으로는 번영의 시대였지만, 그 속은 투기와 허망한 욕망으로 가득 차 있었습니

위대한 개츠비

다. 피츠제럴드는 이 눈부신 무대 뒤에서 인간 욕망이 어떻게 부패해 가는지를 집요하게 포착합니다.

주인공 제이 개츠비는 가난한 청년에서 밀주 사업 등을 통해 막대한 부를 쌓은 인물로, 이른바 '새로운 돈(New Money)'의 상징입

니다. 하지만 그의 부의 목적은 경제적 성공이 아니었습니다. 그
것은 오직 과거의 연인 데이지를 되찾기 위한 수단이었습니다. 개
츠비에게 돈은 사랑을 되살리는 도구이자, 잃어버린 시간을 되돌
리는 장치였습니다. 그러나 화폐는 감정을 저장하지 못하고, 시간
의 흐름을 거스를 수도 없습니다. 그의 저택과 끝없는 파티, 사치
스러운 소비는 결국 '시간을 화폐로 되살리려는 환상'이었을 뿐입
니다. 그 환상이 깨지는 순간, 개츠비의 비극은 본격적으로 시작
됩니다.

피츠제럴드는 '오래된 돈(Old Money)'과 '새로운 돈'의 대비를
통해 단순한 부의 차이를 넘어선 사회적 불평등의 구조를 드러냅
니다. 데이지와 톰 뷰캐넌은 세습된 부와 권력을 지닌 상류층으
로, 재산뿐 아니라 사회적 품격과 신뢰까지 물려받은 인물들입니
다. 반면 개츠비는 스스로 부를 일구었지만, 그 출처가 불법이라
는 이유로 결코 상류 사회의 일원으로 받아들여지지 못합니다. 그
의 부는 숫자로는 막대하지만, 사회적 신뢰라는 실질 가치를 갖지
못합니다. 돈이 있어도 '가치 있는 인간'으로 인정받지 못하는 현
실, 이것이 개츠비의 고독입니다.

이 작품은 화폐가 아무리 강력한 교환 수단이라 해도, 신뢰와
명예, 사랑과 품격 같은 비금전적 자본은 살 수 없다는 사실을 분
명히 보여 줍니다. 개츠비가 데이지를 사랑한 이유 역시 순수한

감정만은 아니었습니다. 그녀를 통해 자신의 부가 사회적으로 승인받기를 원했기 때문입니다. 돈이 수단이 아니라 목적이 되는 순간, 인간의 가치 체계는 뒤집힙니다. 피츠제럴드는 이를 '화폐의 신격화(monetary fetishism)'로 드러냅니다. 돈이 신의 자리를 차지할 때, 인간은 스스로 만든 우상에 예속됩니다.

재즈 시대의 번영은 결국 불안정한 환상이었습니다. 소비와 투기가 과열된 경제는 실제 생산력과 괴리되어 있었고, 그 거품은 1929년 대공황으로 산산이 부서집니다. 개츠비의 부 역시 밀주와 불법 금융이라는 취약한 토대 위에 세워졌습니다. 그의 몰락은 개인의 비극을 넘어, 도덕적 균형을 잃은 자본주의 사회가 맞이할 붕괴를 예고하는 신호였습니다.

놀랍게도 오늘날의 우리는 개츠비의 시대와 크게 다르지 않습니다. SNS와 투자 앱 속에서 과시되는 화려한 삶, 주식과 부동산으로 자신의 가치를 증명하려는 압력은 현대판 '새로운 돈'의 환상을 만들어 냅니다. 돈이 인간의 가치를 재단하는 기준이 되는 순간, 사람들은 과거와 현재를 가리지 않고 끝없는 비교와 경쟁 속에서 자신의 행복과 존엄을 잃기 쉽습니다.

결국 피츠제럴드는 《위대한 개츠비》를 통해 분명한 경고를 던집니다. 돈은 인간의 자유와 행복을 넓히는 도구여야 하지만, 이 작품 속에서는 오히려 인간을 과거의 환상과 사회적 욕망에 묶어

두는 족쇄가 됩니다. 개츠비는 돈으로 사랑을 사고 시간을 되돌리려 했지만, 돈은 끝내 그를 구원하지 못했습니다. 저택의 불빛이 꺼지고 파티가 끝난 뒤 남은 것은, 찬란했으나 붙잡을 수 없었던 꿈의 잔해뿐이었습니다.

피츠제럴드의 통찰은 지금도 유효합니다. 경제가 성장하고 자본이 넘쳐날수록, 돈은 거래 수단을 넘어 인간의 가치를 판단하는 기준으로 변질될 수 있습니다. 《위대한 개츠비》는 우리에게 묻습니다.

"당신이 가진 돈은 진짜 가치를 담고 있습니까, 아니면 과거의 환상을 비추는 거울일 뿐입니까?"

진정한 부란 화폐의 양이 아니라, 그 돈이 인간의 품격과 신뢰, 삶의 의미를 얼마나 담아내는가에 달려 있습니다. 바로 이 지점에서 《위대한 개츠비》는 문학과 경제가 만나는, 가장 빛나는 교차점에 서 있는 작품입니다.

돌고 도는 가치의 힘, 돈의 이야기

우리말 '돈'은 어디에서 왔을까요? 이에 대해서는 크게 두 가지 설이 전해집니다. 하나는 '돌다', 즉 유통하다에서 비롯되었다는 설명입니다. 돈은 손에서 손으로 돌며 가치를 만들어 내고, 그 흐름 속에서 사회를 움직인다는 점을 잘 보여 주는 해석입니다. 다른 하나는 무게 단위인 돈(푼의 10배, 냥의 10분의 1)에서 나왔다는 설입니다. 이는 한때 금과 은처럼 실물의 무게가 곧 신뢰였던 시대의 흔적을 담고 있습니다. 두 설은 서로 다르지만, 공통적으로 돈의 본질을 정확히 짚습니다. 돈은 돌아야 하고, 동시에 믿을 수 있어야 한다는 점입니다.

돈은 단순한 교환 수단이 아니라, 문명을 이어 온 상징입니다. 세계 최초의 지폐는 중국 송나라에서 등장했지만, 화폐를 제국의 시스템으로 본격 활용한 것은 몽골 제국이었습니다. 13세기, 이탈리아의 여행가 마르코 폴로는 《동방견문록》에서 원나라의 지폐를 보고 큰 충격을 받았다고 기록했습니다. 당시 유럽에서는 금과 은이 화폐의 전부였기 때문에, 종이 한 장이 가치를 가진다는 사실은 상상을 넘어서는 일이었습니다. 징기스칸과 그의 후계자들은 광대한

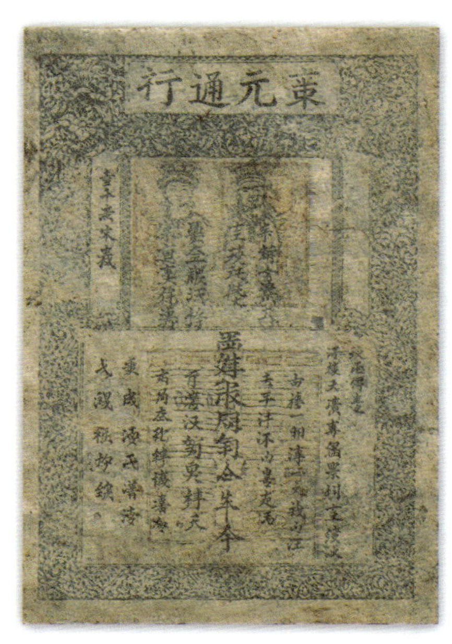

교초(交鈔)

제국을 효율적으로 통치하기 위해 교초(交鈔)라는 지폐를 도입했습니다. 무겁고 위험한 금속 대신 가벼운 종이를 쓰자, 실크로드를 따라 수천 킬로미터에 이르는 교역이 폭발적으로 늘어났습니다. 화폐는 단순한 거래 수단을 넘어, 제국을 하나로 묶는 통합의 도구가 되었습니다. 이 순간부터 돈은 물건을 사고파는 수단이 아니라, 사람과 문명, 세계를 연결하는 장치가 되었습니다.

경제학에서 화폐의 힘은 세 가지로 정리됩니다. 첫째, 교환의 매개입니다. 물물교환에서는 서로의 욕구가 정확히 맞아야 거래가 이루어지지만, 화폐는 이 불편함을 단번에 제거합니다. 거래 비용이 줄어들고, 경제는 훨씬 빠르게 움직입니다. 둘째, 가치의 척도입니다. 빵 3,000원과 구두 50,000원을 같은 기준으로 비교할 수 있기 때문에 가격표, 회계, 세금이 가능해집니다. 셋째, 가치 저장 수단입니다. 빵은 썩지만 돈은 미래로 가치를 옮길 수 있어 저축과 투자를 가능하게 합니다. 다만 물가가 오르면 같은 돈의 구매력은 줄어들기 때문에, 물가 안정은 중앙은행의 가장 중요한 역할이 됩니다.

그렇다면 화폐는 왜 이렇게 중요할까요? 이유는 단 하나입니다. 믿음입니다. 돈은 종이나 금속 그 자체로 가치가 있는 것이 아니라, 내일도 같은 가치로 받아 줄 것이라는 사회적 약속 위에서만 작동합니다. 이 믿음이 무너지면, 돈은 순식간에 쓸모없는 종잇조각이 됩니다.

화폐가 없는 세상을 상상해 보면 그 이유는 분명해집니다. 커피 한 잔을 사기 위해 사과와 건전지를 들고 돌아다니며 바꿀 상대를 찾아야 한다면, 거래 하나에 하루가 걸릴지도 모릅니다. 화폐는 이 복잡함을 단순화하고, 거래를 이어 주는 경제의 혈액입니다.

화폐의 세 가지 기능 가운데, 개인이 가장 흔들리기 쉬운 것은 가치 저장 기능입니다. 물가가 오르는 시대에는 예금만으로 자산을 지키기 어렵습니다. 주식, 채권, 금, 부동산, 물가 연동 자산 등으로 나누어 두는 이유가 여기에 있습니다. 화폐의 무력함을 가장 극적으로 보여 주는 장면은 《로빈슨 크루소》입니다. 무인도에서 금화는 아무 쓸모가 없습니다. 교환할 사람도, 믿어 줄 공동체도 없기 때문입니다. 사회와 신뢰가 사라지는 순간, 돈은 단순한 금속 덩어리에 불과해집니다.

결국 화폐를 이해한다는 것은, 돈을 많이 버는 법을 배우는 일이 아닙니다. 신뢰가 어떻게 만들어지고, 어떻게 유지되는지를 이해하는 일입니다. 지폐 한 장으로 커피를 사고, 그 돈이 누군가의 월급이 되고, 세금이 되어 사회를 유지하는 이유는 모두 서로 믿고 받아 주는 약속 덕분입니다. 화폐의 진짜 힘은 숫자에 있지 않습니다. 신뢰에 있습니다.

인플레이션과 금리, 경제의 숨은 심장 박동

우리가 매일 체감하는 물가와 금리는 서로 실처럼 얽혀 움직이며 지갑에 직접적인 영향을 줍니다. 물가가 오르면 같은 돈으로 살 수 있는 물건이 줄어들고, 금리가 오르면 빌린 돈의 이자는 늘지만, 저축의 이자는 많아집니다. 반대로 금리가 낮아지면 대출 부담은 줄어들지만, 저축 수익은 줄어드는 등, 이 미묘한 균형은 우리 생활 곳곳에 스며 있습니다.

이 균형을 조절하는 기관이 바로 중앙은행입니다. 중앙은행은 시중에 돈이 너무 많아 물가가 오를 때 금리를 높여 소비와 투자를 억제하고, 경기가 침체되면 금리를 낮춰 돈의 흐름을 원활하게 만듭니다. 마치 인체의 혈관을 통해 피의 순환을 조절하고 체온을 일정하게 유지하는 것처럼, 중앙은행은 금리라는 혈관을 통해 경제의 '체온'을 조절합니다. 이를 통화 정책(Monetary Policy)이라고 합니다. 통화 정책은 단순히 숫자와 금리를 조정하는 일이 아니라, 인간의 욕망과 선택, 소비와 투자라는 수많은 흐름을 조율하는 보이지 않는 손과 같습니다. 역사적으로도 대공황, 오일쇼크, IMF 외환위기 같은 위기의 순간마다 중앙은행의 금리 조정은 한 나라 경제의 향방을 결정했습니다.

결국, 통화 정책은 경제라는 몸의 숨은 심장 박동입니다. 물가와 금리, 중앙은행의 결정이 서로 맞물려 돌아갈 때, 우리는 안정적인 경제 속에서 일하고 소비하며 미래를 계획할 수 있습니다. 반대로 균형이 깨지면, 인플레이션이나 경기 침체가 우리의 생활 곳곳에 고스란히 영향을 미치게 됩니다.

경제를 이해한다는 것은 눈에 보이지 않는 심장의 박동처럼 보이지 않는 흐름을 읽고, 그 속에서 나와 가족, 사회의 삶을 현명하게 설계하는 힘을 기르는 일입니다.

'정의로운 방랑자' 장발장과 중앙은행의 딜레마

빅토르 위고(Victor Hugo)의 《레 미제라블(Les Misérables)》은 흔히 '인간 구원의 이야기'로 읽힙니다. 그러나 끝까지 따라가다 보면, 이 소설이 동시에 가난과 제도가 만들어 낸 경제적 비극의 보고서임을 깨닫게 됩니다. 위고가 바라본 비극의 근원은 개인의 타락이 아니라, 시대가 설계한 구조 그 자체였습니다.

19세기 나폴레옹 전쟁 이후의 프랑스는 산업화와 정치적 혼란 속에서 급격히 갈라지고 있었습니다. 부는 위로 쌓였고, 빈곤은 아래로 가라앉았습니다. 위고는 이 거대한 균열을 한 인간의 삶에 응축시킵니다. 그 인물이 바로 장 발장입니다.

장 발장은 굶주린 누이와 조카들을 살리기 위해 빵 한 조각을 훔칩니다. 선택지는 많지 않았습니다. 굶어 죽이거나, 법을 어기거나. 그러나 사회가 내린 판결은 냉혹했습니다. 19년의 감옥살이. 법은 그를 범죄자로 기록했지만, 위고는 이 장면을 전혀 다르게 해석합니다. 이것은 도덕의 문제가 아니라 생존의 경제학이라고 말입니다.

빵 한 조각은 단순한 음식이 아닙니다. 그것은 최소한의 생존을 가능하게 하는 기본재입니다. 그러나 법과 제

레 미제라블

도는 그 절박함을 보지 않았습니다. 오직 규칙만을 집행했을 뿐입니다. 이 순간 위고는 묻습니다. 법적 정의는 작동했지만, 경제적 정의는 어디에 있었는가.

경제학적으로 보면, 장 발장의 비극은 당시 시장 경제의 한계를 상징합니다. 소득과 재산은 극단적으로 불균등했고, 법은 가난한 자에게 더 빠르고 더 무거웠습니다. 장 발장은 처벌받았지만, 그

를 절벽으로 밀어 넣은 실업과 저임금, 물가 상승, 제도의 무관심
은 누구도 책임지지 않았습니다. 위고가 지목한 진짜 범죄자는 개
인이 아니라 불공정한 시스템이었습니다.

오늘의 언어로 바꾸면, 장 발장이 훔친 빵은 실질소득의 상징입
니다. 명목상의 돈은 존재했지만, 물가는 치솟았고 임금은 멈춰
있었습니다. 생존은 점점 불법과 맞닿게 됩니다. 이것이 인플레이
션이 만들어 내는 윤리적 문제입니다. 인플레이션은 흔히 '보이지
않는 세금'이라 불립니다. 그리고 그 세금은 언제나 가난한 사람
에게 가장 먼저, 가장 깊게 부과됩니다.

이 지점에서 우리는 자연스럽게 현대 사회의 중앙은행과 정책
을 떠올리게 됩니다. 장 발장을 절도로 내몬 것은 개인의 탐욕이
아니라, 잘못 설계된 분배 구조와 불안정한 화폐 가치였습니다.
통화 정책은 단순한 기술 문제가 아닙니다. 물가를 안정시키고 구
매력을 지키는 일은, 사회의 도덕적 균형을 유지하는 일과 맞닿아
있습니다. 금리와 통화량은 숫자이지만, 그 결과는 언제나 인간의
삶으로 돌아옵니다.

위고는 날카로운 역설을 던집니다. 장 발장은 빵 한 조각으로
죄인이 되었지만, 인플레이션이라는 거대한 도둑은 수많은 사람
의 빵을 빼앗아도 처벌받지 않습니다. 사회는 개인의 생존 본능에
는 엄격하지만, 제도적 실패에는 관대합니다. 가난한 사람의 절박

함은 범죄가 되고, 구조적 불의는 '경제 논리'라는 이름으로 가려집니다. 이것이 위고가 폭로한 경제적 불의의 아이러니입니다.

따라서 《레 미제라블》은 단순한 구원의 서사가 아니라, 경제 정의에 대한 근본적 질문을 던지는 철학적 선언입니다. 왜 어떤 이는 빵을 훔치고, 어떤 이는 수많은 빵을 빼앗아도 처벌받지 않는가. 왜 사회는 인플레이션이라는 거대한 불의를 제어하지 못한 채, 개인의 생존 본능만을 죄악시하는가. 장발장의 고난은 묻습니다. "법이 정의롭지 않다면, 법을 따르는 것이 정의로운가?" "정책이 인간을 구하지 못한다면, 그 정책은 누구를 위한 것인가?"

결국 《레 미제라블》은 도덕과 경제의 경계에서 정의란 무엇인가를 묻는 성찰의 기록입니다. 장발장의 눈물은 개인의 구원을 넘어 사회 전체의 각성과 제도적 회복을 요구하는 절규입니다. 위고는 말합니다. "가난은 범죄가 아니라, 사회의 책임이다." 이 한마디는 오늘날에도 여전히 유효하며, 정의로운 경제가 무엇인지를 묻는 영원한 질문입니다.

중앙은행, 경제의 체온 조절사

중앙은행의 통화 정책은 경제의 온도계와 에어컨 역할을 합니다. 그 목표는 크게 두 가지, 물가 안정과 완전 고용입니다.

물가가 너무 빠르게 오르면 돈의 가치와 신뢰가 흔들리고, 자산

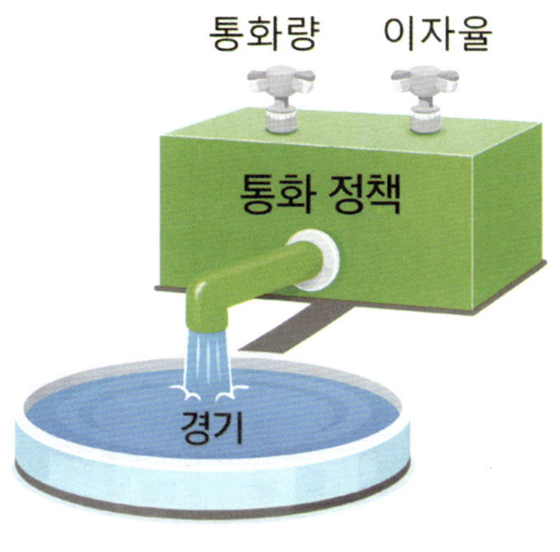

통화 정책

거품이 생길 수 있습니다. 반대로 경기가 얼어붙으면 소비와 투자가 줄고, 실업이 늘어납니다. 중앙은행은 이 두 극단 사이에서 "너무 덥지도, 너무 차갑지도 않은 적정 온도"를 만드는 것이 핵심 과제입니다.

이를 위해 중앙은행은 세 가지 도구를 사용합니다.

중앙은행이 경제를 조절하는 방법은 크게 세 가지입니다. 먼저 정책금리 조정입니다. 기준금리를 올리면 시중은행의 대출금리도 올라 돈을 빌리기 어려워지므로 소비와 투자가 줄고, 물가 상승 압력이 낮아집니다. 반대로 금리를 내리면 자금을 쉽게 조달할 수 있어 기업과 가계의 지출이 늘어나 경기가 살아납니다. 둘째, 지급준비율 조정이 있습니다. 은행이 고객 예금 중 일정 비율을 중앙은행에 보관하도록 하는 이 비율을 높이면 은행이 대출할 수 있는 돈이 줄어 통화량이 감소하고, 낮추면 대출 여력이 늘어나 통화량이 증가합니다. 마지막으로 공개시장조작은 중앙은행이 국채 등을 사고팔아 시중 자금을 흡수하거나 공급하는 방식으로, 통화량을 세밀하게 조절하는 가장 자주 쓰이는 수단입니다.

이 세 가지 도구는 서로 연결되어 작동하며, 중앙은행은 경제 상황에 맞춰 금리와 통화량을 조절함으로써 돈의 흐름을 안정적으로 유지합니다. 즉, 통화 정책은 경제라는 몸의 혈류를 관리하고 체온을 조절하는 섬세한 기술이라고 볼 수 있습니다.

금리와 물가, 우리의 지갑은 왜 이렇게 예민할까

중앙은행의 정책금리 결정은 뉴스 속 먼 이야기가 아니라 우리 일상에 직접적인 영향을 미칩니다. 금리가 낮아지면 은행 대출이 쉬워지고, 소비와 투자가 늘어나 집값이나 주식 같은 자산 가격이 오르기 쉽습니다. 하지만 생활비나 월세 부담도 커질 수 있습니다. 반대로 금리를 급격히 올리면 대출 이자가 늘어나 가계와 기업의 부담이 커지고, 투자가 줄어 일자리 시장도 위축될 수 있습니다. 그래서 중앙은행은 금리를 조정할 때 "너무 세지도, 너무 느슨하지도 않게" 섬세하게 균형을 맞춰야 합니다. 한 번의 결정이 이자, 전세자금, 카드 결제, 취업 시장까지 흔들 수 있기 때문입니다.

　한편, 인플레이션은 '보이지 않는 완벽한 도둑'으로 불립니다. 물가가 오르면 통장 속 숫자는 그대로인데, 그 돈으로 살 수 있는 물건의 양이 줄어들기 때문입니다. 특히 고정 급여를 받거나 현금을 많이 보유한 사람에게 타격이 크고, 반대로 대출이 있는 사람은 같은 금액의 빚을 더 '가벼운 돈'으로 갚아 상대적으로 유리해집니다. 이렇게 인플레이션은 단순한 물가 상승을 넘어 소득과 부의 재분배를 일으키는 조용하지만 강력한 힘입니다. 결국, 중앙은행의 금리 결정과 물가 관리는 단순한 숫자 조정이 아니라, 우리 모두의 삶과 경제 균형을 지키는 섬세한 기술이라 할 수 있습니다.

9장

정부의 손, 시장의 균형을 넘어

01 시장이 놓친 정의를 향한 개입 —《햄릿》

'보이지 않는 손을 넘어, 시장을 지탱하는 정부의 세 가지 역할'

자유로운 시장은 경쟁과 혁신을 통해 풍요를 만들어내지만, 동시에 롤러코스터처럼 호황과 침체를 반복하는 경기 변동을 겪습니다. 시장은 이윤을 좇는 합리적 시스템이지만, 그만큼 공공재 부족이나 환경오염 같은 사회적 문제에는 무심할 수밖에 없습니다. 이런 상황에서 시장이 자원을 효율적으로 배분하지 못하고 균형을 잃는 순간을 경제학에서는 '시장 실패'라고 부릅니다. 시장 실패는 단순한 오류가 아니라, 정부가 개입해야 할 강력한 근거가 됩니다. 정부는 시장의 자유를 억압하기 위해 존재하는 것이 아니라, 시장이 제 기능을 다 하지 못할 때 사회 전체의 후생을 지키기 위해 개입하는 조정자이자 파수꾼 역할을 수행합니다.

결국, 시장은 효율적이지만 결코 완벽하지 않습니다. '보이지 않는 손'이 모든 문제를 해결할 수 있다면 정부의 존재 이유는 사라졌을 것입니다. 그러나 현실 경제는 독점, 외부효과, 공공재 부족, 경기 불안정 등 다양한 불완전성을 안고 있습니다. 바로 이런 순간, 정부는 시장 옆에서 교정자이자 균형자의 역할을 맡아야 합니다. 이제 우리는 정부가 어떤 방식으로 시장을 보완하고, 그 과정에서 어떤 한계와 긴장을 마주하는지 구체적으로 살펴보겠습니다.

셰익스피어 비극의 결말이 시장 실패인 이유

윌리엄 셰익스피어(William Shakespeare)의 《햄릿(Hamlet)》은 인간 내면의 갈등과 사회 질서의 붕괴를 다룬 비극입니다. 그러나 이 작품을 경제학적 관점에서 바라보면, 《햄릿》은 '시장 실패'를 가장 극적으로 보여 주는 이야기이기도 합니다.

덴마크의 왕자 햄릿은 아버지의 죽음과 어머니의 재혼, 그리고 왕위 찬탈이라는 혼란 속에서 복수를 결심합니다. 그의 선택은 감정의 폭발처럼 보이지만, 실제로는 각 인물이 자신의 이해관계를 극대화하려는 합리적 선택의 결과입니다. 문제는 이러한 합리성

햄릿

이 개인에게는 타당했을지라도, 사회 전체에는 파멸을 초래했다는 점입니다.

햄릿은 정의를 실현하기 위해 복수를 선택합니다. 클로디어스는 권력을 유지하기 위해 범죄를 은폐합니다. 거트루드와 폴로니어스, 레어티즈 역시 각자의 이익과 안전을 우선하며 행동합니다. 이들은 모두 이성을 갖추고 판단합니다. 그러나 이 합리성의 총합은 덴마크 왕국의 몰락으로 이어집니다. 이는 경제학의 근본 명제인 '개인의 합리성이 사회 전체의 합리성을 보장하지 않는다'는 사실을 분명히 보여 줍니다.

시장에서도 동일한 현상이 나타납니다. 각 경제 주체가 자신의 이익을 극대화할수록 사회 전체의 효율은 오히려 무너질 수 있습니다. 공동체는 피해를 입게 됩니다. 이것이 바로 시장 실패의 본질입니다.

《햄릿》의 비극은 외부효과의 문제로도 해석할 수 있습니다. 햄릿은 자신의 복수가 어머니의 죽음과 오필리어의 자살, 그리고 왕국의 붕괴로 이어질 가능성을 충분히 고려하지 못합니다. 자신의 행동이 타인에게 미칠 부정적 영향을 계산하지 않은 것입니다. 이는 기업이 단기적 이익을 위해 환경을 파괴하거나, 개인이 편의를 위해 공공 자원을 남용하는 상황과 유사합니다. 그 결과 사회 전체가 손해를 입게 됩니다. 덴마크 왕국의 붕괴는 통제되지 않은 외부효과가 낳은 '공유지의 비극(Tragedy of the Commons)'을 상징합니다.

또한 《햄릿》의 세계는 정보 비대칭(Information Asymmetry)으로 인해 더욱 왜곡됩니다. 햄릿은 아버지의 죽음에 대한 진실을 확신하지 못한 채 의심 속에서 판단을 내립니다. 반면 클로디어스는 정보를 독점한 채 권력을 유지합니다. 정보가 불완전한 사회에서는 합리적 선택조차 오판으로 이어지기 쉽습니다. 이는 현대 경제에서 정보 비대칭이 거래 실패와 자원 낭비를 초래하는 구조와 동일합니다. 덴마크 왕국의 몰락은 정보 불균형이 초래한 시스템 붕괴의 은유입니다.

이 지점에서 경제학은 정부의 존재 이유를 설명합니다. 시장이 실패할 때 정부는 '보이는 손'으로 개입해 '보이지 않는 손'의 한계를 보완합니다. 정부는 공공재를 공급하고, 부정적 외부효과를 조정하며, 정보의 투명성을 높이고 사회적 균형을 회복하는 역할을 수행합니다. 만약 《햄릿》의 세계에 이러한 제도적 조정자가 존재했다면, 비극은 막을 수 있었을지도 모릅니다.

결국 《햄릿》의 몰락은 감정의 비극이 아니라 조정 실패의 경제학적 비극입니다. 각자의 합리성을 공동의 선으로 묶어 줄 제도가 부재했을 때, 사회는 가장 합리적인 선택을 통해 가장 파괴적인 결과에 도달하게 됩니다.

셰익스피어는 말합니다. "모두가 자신의 이익을 좇는 세상에서는, 그 누구도 진정한 승자가 될 수 없다." 이 문장은 문학의 언어로 표현된 경제학의 핵심 명제입니다. 합리성의 총합이 정의를 보장하지 않는다는 이 냉혹한 진리는 400년이 지난 지금도 여전히 유효합니다. 결국 《햄릿》은 묻습니다. "이 세상은 누구의 이익 위에 세워져 있는가, 그리고 그 이익은 과연 우리 모두를 구할 수 있는가?"

정부의 세 가지 역할 – 시장이 놓친 곳을 메우는 손

시장은 효율적이지만 완벽하지 않습니다. 그래서 정부는 '시장 실패 보정, 자원 재분배, 경기 안정화'라는 세 가지 역할을 맡습니다.

먼저 시장 실패 보정입니다. 시장은 외부효과, 공공재, 독점 같은 문제를 스스로 해결하지 못합니다. 예를 들어 공장의 매연은 생산자에게는 비용이 들지 않지만, 사회에는 피해를 줍니다. 정부는 탄소세, 배출권 거래제, 보조금 등을 통해 이런 외부효과를 가격에 반영하고 균형을 바로잡습니다. 또한, 국방, 치안, 등대처럼 공공재는 시장이 충분히 공급하지 못하므로, 정부가 세금으로 대신 제공합니다. 마지막으로 독점이나 과점을 막기 위해 담합 금지, 공정거래법, 플랫폼 규제 등을 시행하여 경쟁을 공정하게 유지합니다.

둘째는 자원 재분배입니다. 시장이 효율적이라고 해서 항상 공정한 결과를 가져오는 것은 아니기 때문에, 정부는 세금과 복지 제도를 통해 사회적 불균형을 완화합니다. 누진세와 상속세로 재원을 확보하고, 기초 연금, 아동수당, 국민연금, 공공임대 등을 통해 최소한의 생활 기반을 보장합니다. 이는 단순히 '부자 돈을 가난한 사람에게 나누는 일'이 아니라, 모두가 다시 일어설 수 있는 사회적 안전망을 만드는 과정입니다.

마지막은 경기 안정화입니다. 경기가 과열하면 물가가 오르고, 침체하면 실업이 늘어납니다. 자동 안정 장치인 누진세와 실업 급여는 경기와 반대로 작동하며 소비를 지탱합니다. 여기에 더해 정부는 불황기에는 공공투자와 지원금을 늘리고, 과열기에는 지출을 줄이거나 세금을 조정하는 재량 재정 정책(Fiscal Policy)으로 경기 흐름을 조절합니다. 이때 중앙은행의 통화 정책과 조화를 이루는 것이 중요합니다.

결국, 정부의 존재 이유는 시장을 대신하는 것이 아니라, 시장이 제 기능을 하도록 돕는 데 있습니다. 잘 설계된 정책은 보이지 않는 손이 놓친 부분을 메우고, 효율과 공정이 함께 서는 경제를 만들어 갑니다.

정부의 한계와 역할 − '보이는 손'이 지켜야 할 균형

프랑스 혁명 당시, 로베스피에르는 생활필수품 가격이 폭등하자 서민들의 삶을 안정시키겠다며 가격 통제 정책을 시행했습니

로베스피에르의 가격 통제

다. 처음에는 우유 가격을 내리라는 명령으로 서민들의 큰 환호를 받았습니다. 하지만 문제는 곧 나타났습니다. 생산비조차 감당하기 어려워진 목축업자들이 잇달아 도산하면서, 우유 생산량이 급격히 줄어든 것입니다. 결국, 우유는 오히려 더 귀해졌고, 가격은 폭등했습니다. 정부가 사료값까지 통제하자 사료업자들마저 문을 닫았고, 시장에는 우유가 사라졌습니다. 서민들은 이전보다 훨씬 비싼 값에 우유를 어렵게 구해야 했습니다.

이 사례는 정부의 선한 의도라도 시장 질서를 지나치게 건드리면 예기치 못한 부작용이 생길 수 있음을 보여줍니다. 시장의 결함을 보완하기 위한 정부 개입은 꼭 필요하지만, 그 정도를 넘으면 오히려 '독'이 됩니다. 과도한 규제는 기업의 혁신과 새로운 시도를 막고, 잘못 설계된 보조금은 사람들로 하여금 노력보다 지원에 의존하게 만들어 도덕적 해이(moral hazard)를 불러옵니다.

게다가 정부도 완벽하지 않습니다. 불완전한 정보, 경직된 관료제, 정치적 이해관계 등으로 인해 '정부 실패(government failure)'가 일어날 수 있습니다. 그렇기에 좋은 정부란 '많이 하는 정부'가 아니라 '잘하는 정부'여야 합니다. 시장이 스스로 해결할 수 있는 일은 시장에 맡기고, 정부가 개입해야 하는 문제는 명확한 목표 아래 최소한의 방식으로 다루어야 합니다. 제도는 단순하고 투명해야 하며, 정책은 데이터와 현실을 근거로 꾸준히 수정되어야 합니다.

이 균형의 중요성은 문학에서도 확인할 수 있습니다. 셰익스피어의 《햄릿》 속 덴마크 왕국이 무너진 이유는 개인의 악의 때문이 아니라, 사회를 조정하고 정보를 공유하며 공정한 규칙을 세울 공적 장치가 부재했기 때문입니다. 정부의 역할도 마찬가지입니다. 시장 실패를 보완해 효율을 높이고, 재분배를 통해 형평성을 세우며, 경기 안정화로 지속 가능한 사회를 만드는 일. 이것이 정부의 진정한 임무입니다.

하지만 어디까지 개입해야 하는지는 시대와 기술, 가치관에 따라 달라집니다. 결국, 핵심 질문은 이 한 문장으로 압축됩니다. "시장이 잘하지 못하는 일을, 정부가 더 잘할 수 있는가?" 그 답을 데이터와 시민의 합의 속에서 찾고, 그 결과를 바탕으로 정책을 설계·집행·평가할 때, 정부는 '필요악'이 아니라 '필수 장치'로 자리 잡게 됩니다. 그렇게 될 때 비로소 '보이는 손(정부)'과 '보이지 않는 손(시장)'이 조화를 이루고, 개인의 합리적 선택이 사회 전체의 번영으로 이어질 수 있습니다.

02 세금과 복지의 철학 ― 《사람은 무엇으로 사는가》

재정 정책, 경제의 물줄기를 바꾸는 정부의 힘

1930년대 대공황 시기, 미국의 루스벨트 대통령은 얼어붙은 경제를 되살리기 위해 대규모 공공사업을 추진하는 '뉴딜 정책(New Deal)'을 시행했습니다. 당시에는 기업도, 가계도 모두 지출을 멈춘 상태였기 때문에 경제가 완전히 멈춰 있었죠. 루스벨트 대통령은 "정부가 먼저 돈을 써야 한다"는 결단을 내렸습니다. 시장이 움직이지 않을 때, 정부가 대신 경제의 시동을 걸어야 한다는 생각이었습니다. 물론 "정부가 돈을 퍼붓는다"는 비판도 있었지만, 그 본질은 시장이 멈췄을 때 정부가 강제로 '총수요(total demand)'를 만들어야 한다는 경제학적 통찰에 있었습니다.

정부의 지출은 단순한 낭비가 아닙니다. 불황기에는 오히려 경제를 되살리는 강력한 주사와 같습니다. 정부가 사용하는 1달러가 경제 전체에 1달러 이상의 효과를 불러오는 '승수 효과(Multiplier Effect)' 덕분입니다. 정부가 도로를 놓고 다리를 세우면, 그 공사에 참여한 사람들의 소득이 늘어나고, 그들이 소비를 늘리면 기업이 다시 투자하게 됩니다. 이렇게 소비와 투자가 연쇄적으로 살아나는 것이죠.

영국의 경제학자 존 메이너드 케인스는 이를 '마른 펌프에 물을 붓는 일'에 비유했습니다. 펌프가 말라 있을 때는 손잡이를 아무리 움직여도 물이 나오지 않지만, 물 한 바가지를 붓는 순간부터 물이 솟아나기 시작합니다. 불황기의 정부 지출도 이와 같습니다. 정부가 돈을 한 번 쓰면, 그 돈이 경제 전체를 순환하며 국민소득

승수 효과

을 몇 배로 늘려주는 것이죠.

이처럼 재정 지출은 국민소득과 고용을 회복시키는 핵심적인 경기 부양 수단입니다. 따라서 재정 정책의 목표는 이 효과를 극대화하는 데 있습니다.

중앙은행이 금리를 조절해 시중의 '돈의 속도'를 조절한다면, 정부는 세금과 지출을 통해 '돈의 방향'을 바꿉니다. 즉, 중앙은행은 돈의 양을 조절하고, 정부는 돈이 어디로 흘러가야 하는지를 결정합니다. 재정 정책은 조세와 정부 지출이라는 두 가지 도구를 이용해 경제의 총수요를 조절합니다. 이를 통해 시장이 스스로 해결하지 못한 문제를 보완하고, 불황기에는 경기를 살리며, 과열기에는 물가를 안정시키는 역할을 합니다.

결국, 재정 정책은 단순히 예산을 편성하고 세금을 걷는 행정이 아닙니다. 그것은 경제의 물줄기를 다스리는 '거대한 조타 장치', 그리고 국민 경제의 균형을 지탱하는 '정부의 손'이라 할 수 있습니다.

톨스토이, 시장, 그리고 정부라는 사랑

레프 톨스토이(Leo Tolstoy)의 《사람은 무엇으로 사는가(What Men Live By)》는 인간의 선함과 사랑을 노래하는 작품입니다. 그러나 이 작품의 이면에는 경제의 인간적 본질과 정부의 역할에 대한 깊은 통찰이 담긴 철학적 우화가 자리하고 있습니다.

구두 수선공 시몬은 하루하루 성실히 일하지만 늘 부족한 삶을 살아갑니다. 그의 삶은 당시 러시아 농민들이 겪던 가난과 불안정한 생계를 상징합니다. 이는 시장 논리만으로는 인간이 존엄한 삶을 유지할 수 없음을 보여 주는 장면입니다.

시몬의 소득은 그가 만든 구두의 시장 가격에 의해 결정됩니다. 그러나 그가 구두를 만들고 팔 수 있는 환경은 오직 정부가 마련한 공공 인프라 위에서만 가능했습니다. 도로가 있어야 손님이 찾아오고, 치안이 유지되어야 거래가 안전하며, 교육이 있어야 기술이 전승됩니다. 만약 세금으로 유지되는 사회적 기반 시설이 없다면, 시몬은 구두를 팔 시장조차 가질 수 없었을 것입니다. 톨스토이는 이를 통해 '보이지 않는 손'만으로는 사회가 작동하지 않는다는 사실을 조용히 증명하고 있습니다.

시몬의 불안정한 삶은 공공재의 부족에서 비롯됩니다. 도로와 치안, 교육과 의료 같은 사회적 기반은 모두가 함께 사용하지만, 개인의 힘만으로는 결코 유지할 수 없습니다. 그렇기 때문에 정부는 자원을 모아 공공재를 공급하고 공평하게 배분해야 합니다. 이 과정에서 나타나는 것이 바로 조세와 정부 지출입니다. 시몬이 내는 세금은 단순한 부담이 아니라, 모두가 함께 살아가기 위한 공동체의 약속입니다. 그가 만든 구두가 개인 노동의 결실이라면, 그 구두를 세상에 내놓게 해주는 발판은 사회 전체가 함께 만든 제도의 결실입니다.

시장과 정부는 두 개의 심장처럼 사회를 지탱합니다. 시장은 개인의 효율성과 창의를 책임집니다. 정부는 사회 전체의 안정성과 지속 가능성을 유지합니다. 이 두 심장이 동시에 뛰어야만 인간은 불안정한 생존을 넘어 안정된 삶을 누릴 수 있습니다. 톨스토이의 세계에서 시몬의 구두는 인간 노동의 상징이지만, 그 구두가 사회와 연결될 수 있는 길은 정부의 제도라는 보이지 않는 발판이었습니다.

결국 톨스토이가 말한 "사람은 사랑으로 산다"는 메시지는 경제학에서도 그대로 적용됩니다. 경쟁과 이익의 논리로 움직이는 시장 속에서도, 정부의 재정 정책은 사람과 사람을 연결하는 제도적 사랑의 형태로 존재합니다. 복지는 시혜가 아니라 공동체가 함께 살아가기 위한 연대의 투자입니다. 조세는 강제가 아니라 공존을 위한 사회적 계약입니다.

《사람은 무엇으로 사는가》는 인간의 도덕적 선함을 노래하는 작품을 넘어, 경제가 사람을 위해 존재해야 한다는 진리를 일깨웁니다. 톨스토이는 묻습니다. "사람은 무엇으로 사는가?" 이에 대해 경제학은 이렇게 답할 수 있습니다. 사람은 시장의 교환으로 살아가고, 정부의 재정으로 지탱되며, 그 모든 것을 가능하게 하는 것은 인간에 대한 신뢰와 연대의 정신입니다. 인간은 사랑으로 살고, 그 사랑은 사회를 지탱하는 가장 따뜻한 경제의 이름입니다.

창문을 막은 사람들, 세금을 피한 인간의 본능

서양에 이런 말이 있습니다.

'인생에서 피할 수 없는 것은 단 두 가지, 죽음과 세금이다.'

이 문장은 1789년, 미국의 정치가이자 사상가였던 벤저민 프랭클린이 편지에 남긴 표현입니다. 왜 하필 죽음과 세금일까요? 이유는 단순합니다. 둘 다 누구도 예외가 없기 때문입니다. 언젠가는 반드시 마주하게 되는, 가장 확실한 사건이라는 뜻이지요.

그런데 역사를 조금만 거슬러 올라가 보면, 이 말은 한동안 사실이 아니었습니다. 중세 유럽의 귀족과 성직자, 조선 시대의 양반처럼 사회의 꼭대기에 있던 사람들은 세금을 거의 내지 않았습니다. 세금의 무게는 상인과 평민, 즉 사회의 아래쪽으로 쏠렸습니다. 당시 국가는 백성을 보호하는 존재라기보다, 돈을 거두어 가는 '징수자'로 인식되곤 했습니다.

문제는 세금이 지나칠 때 벌어졌습니다. 16세기 독일과 오스트리아에서 농민들의 소득 절반을 세금으로 가져가자 농민 반란이 폭발했습니다. 미국 독립전쟁 역시 마찬가지입니다. 영국이 식민지에 설탕세, 인지세, 관세를 잇따라 부과하자 사람들은 이렇게 외쳤습니다. '대표 없는 과세는 부당하다.' 역사는 분명히 말합니다. 세금이 선을 넘는 순간, 분노는 혁명이 된다는 것을요.

국가가 어려울 때 세금이 생겨나는 것도 흔한 일입니다. 전쟁, 대규모 토목공사, 재정 위기처럼 나라 살림이 흔들리면 정부는 새로운 세금을 고민합니다. 문제는 사람들입니다. 인간은 본능적으로 세금을 피하려 합니다. 그 결과, 역사에는 지금 보면 웃음이 나올 만큼 기묘한 세금들이 등장했습니다.

고대 로마의 황제 베스파시아누스는 '오줌세'를 만들었습니다. 공공화장실에서 모은 오줌을 사 가던 상인들에게 세금을 매긴 것이죠. 양모를 가공할 때 오줌 속 암모니아가 꼭 필요했기 때문입

니다. 냄새나는 세금이었지만, '이익을 얻는 사람이 비용을 낸다'
는 원칙만 놓고 보면 꽤 합리적인 제도였습니다.

근대와 현대에도 사정은 크게 다르지 않았습니다. 20세기 이탈
리아의 베니토 무솔리니와 독일의 아돌프 히틀러는 결혼하지 않
은 사람에게 '독신세'를 부과했습니다. 명분은 출산 장려였지만,
실제 목적은 재정 확보였습니다.

17세기 영국에서는 더 기발한 세금이 등장합니다. 초대 총리 로
버트 월폴은 부유층의 벽난로 수에 세금을 매기려 했지만, 조사하

창문세 부과

기가 쉽지 않았습니다. 그래서 기준을 '창문 개수'로 바꿨습니다. 창문이 많을수록 부자라고 본 것이죠. 사람들은 어떻게 대응했을까요? 창문을 벽돌로 막아버렸습니다. 그 결과 도시에는 햇빛이 들지 않는 어두운 집이 늘어났고, 위생과 건강 문제까지 생겨났습니다. 세금이 사람들의 삶의 방식 자체를 바꿔버린 사례입니다.

이런 이야기는 과거로만 끝나지 않습니다. 오늘날에도 '비만세(fat tax)' 논쟁이 이어지고 있습니다. 설탕이 많이 든 음료나 고열량 식품에 세금을 매기자는 주장입니다. 명분은 분명합니다. 국민 건강을 지키고, 의료비 부담을 줄이자는 것이죠. 하지만 반대 의견도 만만치 않습니다. 특정 소비 습관을 국가가 세금으로 통제하는 것이 과연 정당한가, 저소득층에게 부담이 더 커지는 것은 아닌가 하는 질문이 따라붙습니다. 이 논쟁은 세금이 단순한 돈 문제가 아니라, 가치와 선택의 문제라는 사실을 보여줍니다.

결국 세금은 단순한 정부 수입이 아닙니다. 그것은 사회 구성원 사이의 신뢰를 떠받치는 약속입니다. 정부는 세금을 공정하고 투명하게 사용해야 하고, 시민은 책임 있는 납세로 공동체를 유지합니다.

'죽음과 세금은 피할 수 없다'는 말은 냉소가 아닙니다. 우리가 함께 살아가기 위해, 무엇을 어떻게 나누어 부담할 것인지 끊임없이 묻는 질문입니다.

조세와 정부 지출: 함께 만드는 사회의 균형

조세와 정부 지출은 재정 정책을 떠받치는 두 개의 기둥입니다. 따로 서 있는 듯 보이지만, 실제로는 서로를 지탱하며 사회와 경제의 균형을 만들어 냅니다.

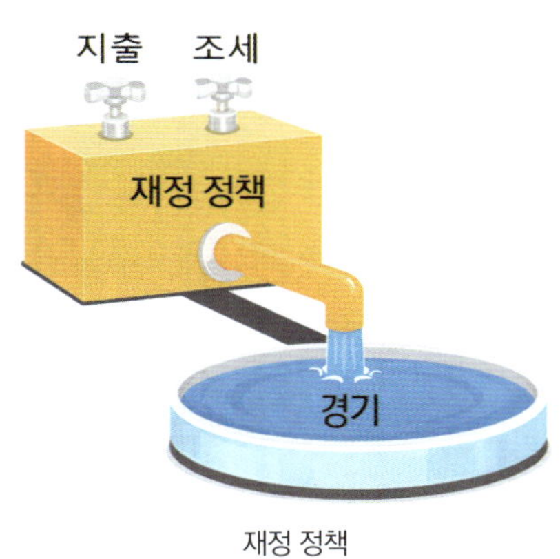

재정 정책

세금은 대개 '내 지갑에서 빠져나가는 돈'으로 느껴집니다. 하지만 시선을 조금만 바꾸면, 세금은 우리가 함께 내는 사회의 회비에 가깝습니다. 혼자서는 감당할 수 없는 일들을 공동으로 해결하기 위해 미리 모아 두는 돈인 셈이죠. 국방과 경찰, 도로와 학교, 병원과 같은 공공서비스는 시장에만 맡겨 두면 충분히 제공되기 어렵습니다. 그래서 정부가 세금을 걷고, 그 돈으로 사회의 기본 틀을 유지합니다. 여기에 더해 세금은 소득 격차를 온화하는 역할도 합니다. 소득이 높은 사람에게는 더 높은 세율을 적용하고, 저소득층에는 복지와 지원을 제공함으로써 사회 전체의 균형을 맞추는 것입니다.

물론 세금에도 성격 차이가 있습니다. 소득세나 법인세 같은 직접세는 부담 능력에 따라 세금을 내게 하므로 형평성이 높습니다. 하지만 세율이 지나치면 일할 의욕과 투자 동기를 약화시킬 수 있습니다. 반대로 부가가치세 같은 간접세는 걷기 쉽고 안정적이지만, 소득 수준과 상관없이 같은 세율을 적용받기 때문에 저소득층에게 더 큰 부담이 됩니다. 정부가 세금 제도를 설계할 때 늘 고민하는 이유가 바로 여기에 있습니다. 형평성과 효율성, 어느 쪽도 포기할 수 없기 때문입니다.

이렇게 걷은 세금은 정부 지출을 통해 다시 사회로 돌아옵니다. 경기가 침체되고 기업 투자가 줄며 실업자가 늘어날 때, 정부는 지출을 늘려 경제를 떠받칩니다. 도로와 철도 같은 사회간접자본에 투자하거나, 공공 일자리를 만들어 사람들에게 소득을 제공합니다. 이런 확장적 재정 정책은 마치 펌프로 물을 끌어올리듯, 얼어붙은 경제에 다시 흐름을 만들어 줍니다. 예를 들어 학교 리모델링 사업에 정부가 돈을 쓰면, 건설 노동자와 자재 업체의 소득이 늘고, 그 소득은 소비로 이어집니다. 한 번의 지출이 여러 번의 소득과 소비를 만들어 내는 구조입니다.

하지만 정부 지출이 많다고 해서 항상 좋은 것은 아닙니다. 지출이 과도해지면 국채 발행이 늘고, 금리가 오르면서 민간 기업의 투자가 위축될 수 있습니다. 이른바 구축 효과(Crowding-Out Effect)입니다. 정부가 너무 앞에 나서면, 오히려 민간의 활력을 밀어내는 결과가 나타날 수 있는 것이죠.

그래서 재정 정책에는 타이밍과 균형이 중요합니다. 경기가 나쁠 때는 확장적으로, 과열될 때는 지출을 줄이고 세입을 늘리는 긴축적으로 대응해야 합니다. 조세와 정부 지출은 서로 맞물린 톱니바퀴처럼 움직이며, 사회가 흔들리지 않고 성장하도록 조정됩니다. 결국 재정 정책이란, 얼마를 걷고 얼마나 쓸 것인가의 문제가 아니라, 언제 어떻게 써서 공동체의 균형을 지킬 것인가에 대한 선택이라고 할 수 있습니다.

재정 정책, 함께 살아가는 사회의 설계도

재정 정책은 숫자를 맞추는 기술이 아닙니다. 그것은 우리가 어떤 사회에서 살고 싶은가에 대한 선택이고, 동시에 하나의 철학적 결단입니다. 세금을 얼마나 걷을지, 그 돈을 어디에 쓸지는 곧 우리가 어떤 가치를 우선에 두는 사회인지에 대한 집단적 답변입니다.

세금은 단순한 부담이 아니라, 사회적 형평성을 구현하는 장치입니다. 구성원 사이의 격차를 완화하고, 누구나 최소한의 인간다운 삶을 누릴 수 있도록 받쳐 주는 안전망이죠. 반대로 정부 지출은 그 가치가 실제 삶으로 드러나는 방식입니다. 교육과 복지, 의료와 환경 보호에 대한 지출은 오늘을 쓰는 소비가 아니라, 내일을 준비하는 투자입니다. 이런 투자가 쌓일수록 사회에는 신뢰가 생기고, 서로를 떠받치는 연대의 기반이 단단해집니다.

이 두 축이 균형을 이룰 때, 시장의 불평등과 불안정은 완화되고 공동체는 지속 가능한 성장을 향해 나아갑니다. 그러나 조세가 지나치게 약해지거나, 지출의 방향이 왜곡되면 상황은 달라집니다. 부는 특정 집단에 집중되고, 경제적 양극화는 사회 전체를 흔들기 시작합니다. 그래서 재정 정책은 단순한 경제 운영이 아니라, 사회 정의를 현실에서 구현하는 수단이 됩니다.

러시아 작가 톨스토이의 작품 속 인물 시몬은 이렇게 말합니다. '사람은 혼자 살아갈 수 없다.' 이 문장은 도덕의 언어이지만, 동시에 경제의 언어이기도 합니다. 시장만으로는 모두의 행복을 보장할 수 없고, 정부만으로는 창의적 성장을 만들어 낼 수 없습니다. 시장의 효율성과 정부의 따뜻함이 서로를 보완할 때, 개인의 존엄과 공동체의 번영은 함께 가능해집니다.

조세와 지출이 균형을 이루는 사회, 그것은 추상적인 이상이 아니라 사람이 실제로 살 만한 경제입니다. 그리고 바로 그 지점을 향해 나아가는 것이 재정 정책이 지향해야 할 궁극적인 가치입니다.

Hidden Economics in Literature

제4부

세계의 무대에서:
교류와 충돌의 경제학

10장

왜 무역하는가,
그리고 함께 사는 법

01　전문화와 나눔의 경제 ─《멋진 신세계》

전문화란 무엇일까?

레오나르도 다 빈치(Leonardo da Vinci)는 미술, 해부학, 공학까지 넘나든 인류 최고의 천재였습니다. 하지만 한 가지 상상을 해 봅시다. 만약 그가 하루 종일 빵을 굽고, 저녁에는 가구까지 만들며 모든 일을 혼자 해결하려 했다면 어땠을까요? 분명 웬만한 수준은 해냈을 겁니다. 그러나 그 어떤 일도 최고 수준에는 이르기 어려웠을 것입니다.

반면, 옆집의 평범한 빵집 주인은 다릅니다. 그는 그림을 그리지도, 기계를 설계하지도 않습니다. 오직 빵 굽는 일에만 집중합

니다. 반죽의 온도, 발효 시간, 오븐의 불 조절을 매일같이 다듬으
며, 빠르고 일정한 품질의 빵을 대량으로 만들어 냅니다. 경제적
효율성의 관점에서 보면, 다 빈치보다 이 빵집 주인이 훨씬 뛰어
난 성과를 냅니다. 그는 자신이 잘하는 일에 집중해 더 많은 빵을
만들고, 그 대가로 다 빈치의 그림을 사면 되기 때문입니다.

이 사례가 보여주는 핵심은 분명합니다. 각자가 가장 잘하는
일, 혹은 가장 덜 못하는 일에 집중할 때 전체 생산성은 극대화된
다는 점입니다. 이것이 바로 전문화(specialization)의 힘입니다. 이
원리를 처음 체계적으로 설명한 경제학자가 바로 애덤 스미스입
니다.

그는 자신의 저서 《국부론(The Wealth of Nations)》에서 '핀 공
장'의 예를 들며 전문화의 효과를 설명했습니다. 한 사람이 핀을
처음부터 끝까지 혼자 만들면 하루에 몇 개밖에 생산하지 못합니
다. 하지만 생산 과정을 여러 단계로 나누고, 각 단계에 사람들이
나뉘어 집중하면 상황은 완전히 달라집니다. 어떤 이는 철사를 자
르고, 어떤 이는 끝을 뾰족하게 만들며, 또 다른 이는 머리를 붙입
니다. 이렇게 공정을 세분화하면 하루에 수만 개의 핀을 만들어낼
수 있습니다.

전문화가 이런 폭발적인 차이를 만들어내는 이유는 세 가지입
니다.

첫째, 같은 일을 반복하면서 숙련도가 빠르게 높아집니다.

둘째, 여러 작업을 오가며 생기는 시간 낭비가 사라집니다.

셋째, 각 단계에 맞는 도구와 기술을 최적화할 수 있습니다.

결국 전문화란 더 열심히 일하는 방법이 아니라, 더 잘 나누어 일하는 방법입니다. 같은 시간과 같은 노력으로 더 많은 가치를 만들어 내는 이 원리는, 개인의 생산성을 넘어 경제 성장 전체를 떠받치는 핵심 원리로 작용합니다. 천재 한 명이 모든 것을 해내는 사회보다, 각자가 자신의 역할에 집중하는 사회가 더 부유해질 수 있는 이유가 바로 여기에 있습니다.

문학으로 보는 전문화의 그림자: 헉슬리의 《멋진 신세계》

올더스 헉슬리(Aldous Huxley)의 《멋진 신세계(Brave New World)》는 인간의 자유와 개성이 완전히 제거된 사회를 그린 충격적인 미래 예언서이자, '극단적 분업과 효율성'이 인간성을 어떻게 소멸시키는가를 보여주는 경제적 우화입니다. 이 세계에서 인간은 자연적으로 태어나지 않고, 거대한 인공 부화기 속에서 계획적으로 생산되며, 태어나는 순간부터 알파(Alpha), 베타(Beta), 감마(Gamma), 델타(Delta), 엡실론(Epsilon)으로 나뉩니다. 알파는 통제와 관리, 감마와 델타는 반복적 노동, 엡실론은 생각하지 않고 복종하는 존재로 설계됩니다. 그들은 자신이 왜 그런 삶을 사는지

조차 묻지 않습니다. 헉슬리가 그린 사회는 인간이 다닌 '경제적 부품'으로만 기능하는 거대한 공장과도 같습니다.

이 세계의 논리는 산업 자본주의의 효율성을 극단으로 밀어붙인 결과입니다. 분업과 전문화는 생산성을 극대화하고 낭비를 줄이며, 사회 전체는 계산된 질서 속에서 작동합니다. 실업도 없고 불평등도 문제 되지 않습니다. 왜냐하면, 모든 구성원이 자신에게 주어진 역할에 만족하도록 세뇌되어 있기 때문입니다. 불평등은 '자연의 법칙'으로, 복종은 '사회적 미덕'으로 포장됩니다. 헉슬리는 경고합니다. 효율이 완벽해질수록 자유는 사라진다고. 인간은 생각하고 선택하는 존재가 아니라, 체제가 설계한 기능만 수행하는 '경제적 기계'로 전락한다고 말입니다.

이 디스토피아는 '완벽한 시스템'이 반드시 '인간다운 사회'를 의미하지 않음을 보여줍니다. 겉보기에는 결핍도, 혼란도 없지만, 그 안에는 개성과 존엄을 잃은 인간이 있습니다. 감마는 감마의 일만, 델타는 델타의 임무만 수행하며, 엡실론은 복종만 배웁니다. 누구도 전체를 이해하지 못하고, 스스로 존재 이유를 묻지 않습니다. 이는 오늘날 현실과도 닮아 있습니다. 현대 사회에서도 한 사람은 거대한 조직의 작은 부품처럼 반복적인 일을 수행하며, 자신이 사회 속에서 어떤 의미를 갖는지 잊고 살아갑니다. 기술이 발전할수록 인간의 역할은 세분화되고, 자율성은 줄어듭니다. 헉슬리가 그린 미래는 결코 먼 이야기가 아닙니다.

《멋진 신세계》는 '효율성의 신화'를 해부하는 작품입니다. 헉슬리는 과학과 기술, 분업과 전문화가 인류의 번영을 보장할 것이라는 20세기 낙관주의에 질문을 던집니다. "모든 것이 완벽하게 계획된 사회가 있다면, 그 속의 인간은 여전히 인간일 수 있을까?" 이 질문은 오늘날 인공지능과 자동화, 유전자 기술이 급속히 발전하는 시대에도 여전히 유효합니다. 우리는 효율을 얻는 대신 얼마나 많은 자유를 포기하고 있는가? 시스템이 완벽해질수록 인간성은 얼마나 남아 있는가?

헉슬리가 그린 디스토피아는 단호하게 경고합니다. 질서와 효율로 포장된 사회일수록, 그 속에서 인간의 존엄과 자유는 가장 먼저 희생됩니다. 극단적인 전문화는 생산성을 높이지만, 동시에 인간을 체계의 부속품으로 바꿔 놓습니다. 《멋진 신세계》는 경제적 성공이 인간 존재의 실패로 이어질 수 있음을 보여주는 거울입니다. 효율이 인간을 대신하는 순간, 그 사회는 더 이상 '신세계'가 아니라, 인간이 잃어버린 세계가 됩니다. 결국, 헉슬리는 우리에게 묻습니다. "당신은 얼마나 효율적인 세상을 원합니까? 그리고 그 세상 속에서, 당신은 여전히 인간으로 남아 있을 자신이 있습니까?"

국가로 확장된 전문화, 무역의 이익

'무역(貿易)'이라는 말은 두 개의 동사에서 시작됩니다. '매매하다'는 뜻의 무(貿), 그리고 '바꾸다'는 뜻의 역(易). 말 그대로 무역은 오래전부터 사고, 바꾸는 인간의 행동을 가리켜 왔습니다. 약 2,000년 전 사마천의 저서 《사기》에도 이 개념이 등장하는 것을 보면, 무역은 문자보다 먼저 삶 속에 자리 잡은 행위였음을 알 수 있습니다.

영어 단어 trade의 뿌리도 흥미롭습니다. 약 800년 전부터 쓰이기 시작한 이 단어는 '발걸음'을 뜻하는 tread, '발자국'이나 '항로'를 의미하는 track에서 유래했습니다. 무역이 본러 사람과 물건이 오가는 길 위에서 이루어졌던 교환이었음을 보여주는 흔적입니다. 무역은 책상 위의 이론이 아니라, 길과 항구, 발걸음에서 시작된 생활의 기술이었습니다.

무역을 움직이는 핵심 원리는 단순합니다. 바로 전문화입니다. 전문화는 생산성을 비약적으로 끌어올리는 가장 강력한 경제 원리입니다. 예를 들어, 그림을 그리는 학생 세 명이 있다고 해 봅시다. 한 명은 밑그림, 한 명은 채색, 다른 한 명은 마감에 집중해 협업한다면, 각자가 처음부터 끝까지 혼자 그릴 때보다 훨씬 빠르고 완성도 높은 작품이 나옵니다.

이 원리를 처음 체계적으로 설명한 인물이 애덤 스미스입니다.

그는 《국부론》에서 '핀 공장'의 사례를 통해 분업과 전문화가 어떻게 생산성을 폭발적으로 높이는지를 보여주었습니다. 이 원리는 공장 내부에만 적용되지 않습니다. 병원, 소프트웨어 개발팀, 레스토랑 주방처럼 조직이 있는 곳이라면 어디서나 작동합니다. 그리고 그 범위를 국가로 넓히면, 바로 무역이 됩니다.

국가 간 무역에서도 논리는 같습니다. 각 나라는 자신에게 기회비용이 낮은 분야, 다시 말해 상대적으로 더 잘할 수 있는 분야에 전문화하고, 그 결과물을 서로 교환합니다. 그 결과 혼자서 모든 것을 생산하려 할 때보다 훨씬 더 많은 재화와 서비스를 누리게 됩니다. 이를 경제학에서는 무역의 이익(Gains from Trade)이라고 부릅니다.

예를 들어 대한민국이 반도체에, 베트남이 커피 생산에 전문화한다면, 두 나라 모두 더 효율적으로 생산하고 더 풍부하게 소비할 수 있습니다. 무역은 한쪽이 이기면 다른 쪽이 지는 제로섬(zero-sum) 게임이 아닙니다. 서로의 강점을 교환함으로써 함께 커지는 플러스섬(Plus-Sum) 게임입니다.

결국 무역은 경쟁이 아니라 협력의 다른 이름입니다. 각자가 잘하는 것을 더 잘하게 만들고, 그 결과를 나누는 과정에서 전체의 부가 커집니다. 전문화와 무역이 인류의 부를 키워 온 이유는 단 하나입니다. 혼자서 모든 것을 하려는 사회보다, 서로 바꾸는 사회가 더 풍요로워질 수 있기 때문입니다.

보호무역이 선택되는 정치적 이유

무역은 전체로 보면 분명 플러스섬 게임입니다. 교환이 늘어날수록 사회 전체의 부는 커집니다. 그런데도 현실에서 무역은 종종 거센 반발을 불러옵니다. 이유는 단순합니다. 이익은 넓고 얕게 퍼지지만, 손실은 좁고 깊게 몰리기 때문입니다.

예를 들어 정부가 관세를 낮춰 외국 상품이 더 싸게 들어오면, 소비자 대부분은 혜택을 봅니다. 식탁에 오르는 물건의 가격이 조금 내려가고, 생활비 부담이 눈에 띄지 않게 줄어듭니다. 하지만 같은 변화는 특정 산업에 종사하는 사람들에게는 전혀 다른 의미가 됩니다. 값싼 수입품이 늘어나면 국내 기업의 제품은 덜 팔리고, 생산은 줄며, 그 결과 일자리와 임금이 직접적인 타격을 받습니다.

이처럼 무역 확대의 손실은 특정 산업과 지역에 집중됩니다. 일자리를 잃은 사람은 새로운 기술을 배우거나 다른 직장을 찾아야 하고, 경우에 따라서는 삶의 터전을 옮겨야 합니다. 이 과정에서 드는 시간, 비용, 불안감, 사회적 단절을 경제학에서는 조정 비용이라고 부릅니다. 이 비용은 개인에게 매우 크고, 체감 또한 즉각적입니다.

반대로 소비자가 얻는 이익은 다릅니다. 한 사람당 돌아가는 혜택은 크지 않지만, 사회 전체에 넓게 퍼집니다. 그래서 '조금 이득을 본 다수'는 그 이익을 지키기 위해 적극적으로 행동하기 어렵습니다. 반면 '큰 피해를 입은 소수'는 생존이 걸려 있기 때문에 강력한 저항과 정치적 압력을 행사하게 됩니다. 이 비대칭이 바로 무역을 둘러싼 갈등의 핵심 구조입니다.

이 결과 정부는 종종 보호무역 정책을 선택합니다. 관세를 올리거나 수입 물량을 제한하는 조치가 그것입니다. 이런 정책은 유치산업 보호, 국가 안보, 공급망 안정, 불공정 무역 대응 같은 명분으로 설명됩니다. 그러나 그 이면에는 언제나 피해가 집중된 집단의 강한 요구가 자리 잡고 있습니다. 단기적인 고통을 완화하거나 정치적 부담을 줄이기 위한 선택인 셈입니다.

경제적으로 보면 결론은 분명합니다. 무역은 전체의 케이크를 키웁니다. 하지만 그 케이크가 고르게 나뉘지 않을 때 문제가 생깁니다. 조정 비용을 누가, 얼마나 부담하느냐에 대한 답이 없을 때, 무역은 효율의 문제가 아니라 갈등의 문제가 됩니다. 그래서 무역을 둘러싼 논쟁은 단순히 '찬성 대 반대'의 문제가 아닙니다. 성장의 이익을 어떻게 나누고, 피해를 어떻게 함께 감당할 것인가라는 사회적 선택의 문제입니다.

무역은 숫자로 보면 이득이지만, 사람의 삶으로 보면 설계가 필요합니다. 그 설계가 없을 때, 플러스섬 게임은 쉽게 갈등의 장으로 변합니다.

왜 '슈퍼맨'도 한 가지만 해야 할까?

겉보기에는 모든 일을 잘하는 사람이 모든 것을 맡는 것이 가장 효율적으로 보입니다. 하지만 경제학은 정반대의 결론에 도달합니다. 그 이유는 단 하나, 기회비용 때문입니다. 같은 1시간이라도 어디에 쓰느냐에 따라, 우리가 포기하게 되는 가치는 전혀 달라지기 때문입니다.

어떤 사람이 여러 일을 모두 잘할 수는 있습니다. 그러나 한 가지 일을 선택하는 순간, 다른 일을 할 수 있는 기회는 사라집니다. 그래서 경제학이 묻는 질문은 이것입니다. '누가 더 잘하는가?'가 아니라, '무엇을 선택할 때 덜 포기하는가?' 이 관점에서 등장하는 개념이 바로 비교 우위(Comparative Advantage)입니다.

예를 들어 요리를 아주 잘하는 사람이 있다고 해 봅시다. 그는 청소도 능숙합니다. 하지만 요리를 하는 1시간 동안 포기해야 하는 가치는 매우 큽니다. 그 시간에 만든 음식은 높은 만족과 가치를 만들어 내기 때문입니다. 반면 청소를 1시간 덜 한다고 해서 잃는 가치는 상대적으로 작을 수 있습니다. 이 경우, 요리를 잘하는 사람이 청소까지 맡는 것은 효율적이지 않습니다. 청소는 다른 사람에게 맡기고, 자신은 요리에 집중하는 편이 전체적으로 더 많은 가치를 만들어 냅니다.

이처럼 비교우위의 핵심은 절대적인 능력의 크기가 아니라, 기회비용의 크기입니다. 각자가 자신이 가장 적게 포기하는 일에 집중할 때, 사회 전체의 생산성과 효율은 극대화됩니다. 전문화가 단순한 분업을 넘어 강력한 경제 원리로 작동하는 이유도 여기에 있습니다.

이 원리는 개인의 시간 관리나 직장 내 업무 분담에만 적용되지 않습니다. 국가 간 무역에서도 동일하게 작동합니다. 한 나라가 모든 상품을 절대적으로 더 잘 생산할 수 있다 하더라도, 상대적으로 기회비용이 더 낮은 분야에 집중하는 것이 세계 전체의 자원을 가장 효율적으로 쓰는 길입니다. 그 결과 각 나라는 혼자서 모든 것을 만들 때보다 더 많은 재화와 서비스를 누리게 됩니다.

결국 비교우위란 경쟁에서 이기기 위한 전략이 아니라, 전체의 파이를 키우는 전략입니다. 누가 더 뛰어난지를 가르는 기준이 아니라, 어떻게 협력해야 모두가 더 많은 것을 얻을 수 있는지를 알려주는 원리입니다. 그래서 비교우위는 개인에게도, 사회에게도, 그리고 국가 간 관계에서도 윈윈(win-win)을 가능하게 만드는 경제학의 가장 강력한 통찰이라 할 수 있습니다.

명탐정 셜록 홈즈의 '시간 가치'와 비교 우위

아서 코난 도일(Arthur Conan Doyle)의 《셜록 홈즈 시리즈》는 단순한 추리 소설이 아닙니다. 이 작품은 경제학의 핵심 원리인 '비교 우위'를 가장 생생하게 보여 주는 문학적 실험실입니다. 런던 베이커가 221B번지에는 세상에서 가장 비합리적으로 보이면서도, 동시에 가장 합리적인 인간, 셜록 홈즈가 살고 있습니다. 그는 타고난 관찰자이자 논리의 대가로, 한 점의 먼지에서도 범인의 심리를 읽어 내고 담배 재만으로 사건의 결말을 예측합니다. 그러나 역설적으로 그는 세탁이나 요리, 청소 같은 일에는 전혀 관심이 없습니다. 왜일까요? 그는 '무엇을 할 수 있는가'보다 '무엇을 하지

셜록 홈즈

않아야 하는가'를 정확히 알고 있기 때문입니다.

홈즈는 모든 일에서 절대적 우위(Absolute Advantage)를 가진 인물입니다. 마음만 먹으면 세탁부보다 더 깔끔하게 옷을 세탁하고, 요리사보다 더 정교하게 식사를 준비할 수도 있습니다. 하지만 그가 세탁에 한 시간을 쓴다면, 그 시간 동안 해결할 수 있었던 살인 사건 하나가 사라집니다. 그의 1시간의 기회비용은 다른 노동이 아니라, 해결되지 못한 사건 하나입니다. 경제학적으로 보면, 홈즈가 모든 일을 직접 처리하는 순간 사회 전체의 효율성은 오히려 떨어집니다. 그의 시간은 그 누구보다 비싸기 때문입니다.

여기서 등장하는 것이 바로 비교 우위의 원리입니다. 어떤 사람이 모든 일을 더 잘하더라도, 그는 상대적으로 덜 손해 보는 일, 즉 기회비용이 가장 낮은 일에 집중해야 합니다. 홈즈가 탐정 일에 전념하고, 왓슨과 허드슨 부인이 가사 일을 분담할 때 모두가 이익을 얻습니다. 홈즈는 더 많은 사건을 해결해 사회적 후생을 높이고, 왓슨은 안정적인 수입을, 허드슨 부인은 생계의 지속성을 확보합니다. 각자가 자신이 상대적으로 유리한 분야에 집중할 때, 사회 전체의 생산성은 극대화됩니다.

이 원리는 개인의 노동에만 적용되지 않습니다. 국가 간 무역에서도 동일하게 작동합니다. 어떤 나라가 모든 상품을 더 효율적으로 생산할 수 있더라도, 각국이 자신이 비교적으로 더 잘할 수 있는 상품에 집중하고 나머지는 교역으로 보완할 때 세계 전체의 부는 더 커집니다. 비교 우위는 경쟁의 논리가 아니라, 서로 다른 존재가 협력하며 만들어 내는 조화의 법칙입니다. 이것이 인간 사회가 발전해 온 가장 단순하면서도 가장 심오한 원리입니다.

《셜록 홈즈 시리즈》는 효율적 자원 배분의 철학을 문학으로 구현한 작품입니다. 홈즈는 단순한 천재 탐정이 아니라, 자신의 시간 가치를 정확히 계산하는 경제적 인간입니다. 그는 "모든 일을 잘하는 것"이 능력이 아니라, "해야 할 일에만 집중하는 것"이 진짜 능력임을 몸소 보여 줍니다.

그렇다면 진짜 천재란 누구일까요? 홈즈는 이렇게 답합니다. "나는 모든 일을 할 수 있다. 하지만 내가 해야 할 일은 오직 하나뿐이다." 이 한마디는 경제학의 핵심을 꿰뚫는 선언입니다. 현명한 사람은 자신이 가장 잘할 수 있는 일에 집중하고, 나머지는 타인에게 맡깁니다. 그 순간 세상은 조금 더 효율적으로 움직이고, 인간은 조금 더 자유로워집니다. 전문화와 분업, 협업을 통해 효율을 높이는 이 원리는 오늘날의 사회에서도 여전히 유효합니다.

산중 놈의 도끼질이 가르쳐 준 경제의 지혜

고대 그리스의 철학자 플라톤은 인간 사회가 왜 점점 더 잘 돌아가는지를 꿰뚫어 보았습니다. 그의 생각은 단순했습니다. 사람들은 각자 잘하는 일이 다르고, 그 일을 나눠 맡을 때 사회는 더 효율적으로 움직인다는 것이었죠. 모두가 모든 일을 조금씩 하는 사회보다, 각자가 가장 능숙한 일에 집중하는 사회가 훨씬 강해진 다는 통찰이었습니다.

하지만 플라톤은 한 가지 질문을 남겨두었습니다.

'그렇다면 우리는 무엇을 기준으로 자신의 일을 선택해야 할 까?'

'잘한다는 것은 도대체 경제적으로 어떤 의미를 가질까?'

이 질문은 훗날 경제학자들에 의해 더 또렷한 개념으로 정리됩 니다. 그것이 바로 비교우위입니다. 비교우위는 '무엇을 제일 잘 하느냐'를 묻지 않습니다. 대신 이렇게 묻습니다. 이 일을 할 때, 내가 포기해야 하는 것이 가장 적은 선택은 무엇인가? 다시 말해, 핵심은 능력의 크기가 아니라 기회비용의 크기입니다.

이 생각은 사실 낯설지 않습니다. 우리 속담에도 이미 답이 들 어 있기 때문입니다.

'산중 놈은 도끼질, 야지 놈은 괭이질.'

산에 사는 사람은 어려서부터 나무를 다루며 자랍니다. 자연스 럽게 도끼질이 몸에 밉니다. 반면 들에서 사는 사람은 밭을 갈고 씨를 뿌리며 살아갑니다. 시간이 흐를수록 두 사람의 숙련도는 점 점 벌어집니다. 산속 사람에게 땔감은 '덜 손해 보고' 만들 수 있는 물건이 되고, 들판 사람에게 곡식은 가장 효율적인 생산물이 됩니다. 바로 여기서 비교우위가 생깁니다.

물론 두 사람 모두 땔감도 만들고 곡식도 기를 수는 있습니다. 하지만 그렇게 하면 더 많은 시간과 노력을 잃게 됩니다. 대신 각자가 기회비용이 가장 낮은 일에 집중하고, 그 결과를 서로 교환한다면 상황은 달라집니다. 같은 시간으로 더 많은 것을 얻게 되죠. 이것이 분업과 교환이 사회를 풍요롭게 만드는 이유입니다.

이 원리는 개인 사이에서만 멈추지 않습니다. 국가 간 무역에서도 똑같이 작동합니다. 한 나라가 두 상품 모두를 더 잘 만든다고 해도, 상대적으로 덜 희생하고 만들 수 있는 상품에 특화해 교환하면 양쪽 모두 이익을 얻습니다. 비교우위는 '누가 더 뛰어난가'를 가르는 기준이 아니라, 어떻게 선택해야 모두가 이익을 얻는가를 설명하는 원리입니다.

결국 플라톤이 던진 분업의 통찰은, 오늘날 비교우위 이론으로 살아 숨 쉬고 있습니다. 각자가 가장 효율적으로 할 수 있는 일을 선택할 때, 개인의 선택은 사회 전체의 풍요로 이어집니다. 오래전에 쓰인 철학의 문장이 오늘날 경제의 법칙으로 되살아나는 순간입니다.

비교 우위: 덜 잃는 선택이 더 큰 이익을 만든다

비교우위는 경제학의 핵심 원리이지만, 그 질문은 의외로 단순합니다. '누가 더 잘하느냐'가 아니라, '누가 덜 손해 보느냐'입니다. 모든 개인과 국가는 시간과 자원이 한정되어 있기 때문에, 무엇을 선택하느냐보다 무엇을 포기하느냐가 결과를 좌우합니다. 그래서 비교우위는 상대적으로 기회비용이 낮은 일, 다시 말해 덜 포기해도 되는 일에 집중하라고 말합니다.

기회비용이란 한 선택을 하면서 포기해야 하는 다른 선택의 가치를 뜻합니다. 예를 들어 공부도 잘하고 그림도 잘 그리는 학생이 있다고 해 봅시다. 시험이 코앞이라면, 그는 그림을 내려놓고 공부에 집중하는 편이 합리적입니다. 그림을 포기하는 손실보다, 공부를 포기했을 때의 손실이 훨씬 크기 때문입니다. 이처럼 자원이 더 생산적인 곳으로 이동할 때, 전체 성과는 커집니다.

이 원리는 국가 단위에서도 똑같이 작동합니다. 노동력이 풍부한 나라는 노동집약 산업에서, 천연자원이 많은 나라는 자원 기반 산업에서 기회비용이 낮습니다. 여기에 제도, 인프라, 기술 수준 같은 조건까지 더해져 각 나라의 비교우위가 결정됩니다. 각 국가는 자신에게 유리한 분야에 집중하고, 무역을 통해 필요한 것을 교환할 때 혼자서 모든 것을 만들 때보다 훨씬 풍부한 선택지를 얻게 됩니다. 예를 들어 대한민국이 반도체에, 브라질이 커피에 전문화한다면, 두 나라 모두 더 많이 생산하고 더 다양하게 소비할 수 있어 생활 수준이 함께 높아집니다.

비교우위는 조직과 팀에서도 그대로 적용됩니다. 발표와 회계 모두 잘하는 팀장이 있다고 해도, 발표는 팀장이 맡고 회계는 다른 팀원에게 맡기는 편이 팀 전체의 효율을 높입니다. 팀장이 회계에 시간을 쓰는 동안 포기해야 할 발표 준비의 가치가 더 크기 때문입니다. 역할을 나눌수록, 그리고 각자가 덜 포기하는 일을 맡을수록 성과는 커집니다.

결국 비교우위란 누가 가장 뛰어난가를 가리는 기준이 아닙니다.

누가 무엇을 맡을 때 가장 적은 기회를 잃는가를 묻는 기준입니다.

이 기준에 따라 역할을 나누고 협력할 때, 개인도 조직도 국가도 더 큰 부와 성과를 만들어 냅니다. 비교우위는 경쟁의 논리가 아니라, 협력을 통해 전체의 파이를 키우는 경제학의 가장 현실적인 전략입니다.

11장

세계 경제의 파도 속에서

01 국제 수지로 읽는 세계의 균형 ― 《베니스의 상인》

국제 수지(Balance of Payments, BOP): 나라의 경제를 기록하는 '거대한 용돈 기입장'

국제수지를 이해하는 가장 중요한 열쇠는 단 하나입니다. 모든 거래는 반드시 기록된다는 복식부기의 원리입니다. 한 나라가 다른 나라와 주고받는 모든 돈의 흐름은 예외 없이 두 장부에 동시에 적힙니다. 하나는 경상수지(Current Account), 다른 하나는 금융계정(Financial Account)입니다. 그래서 국제수지는 결코 한쪽으로만 기울 수 없습니다.

예를 들어 대한민국이 1년 동안 100억 달러의 경상수지 흑자를 냈다고 가정해 봅시다. 이는 수출이나 투자소득 등을 통해 그만큼의 외화를 벌어들였다는 뜻입니다. 그런데 그 돈이 그대로 금고에 잠들어 있을까요? 그렇지 않습니다. 기업이 해외 주식이나 채권을 사들이면, 그 순간 금융계정에는 100억 달러의 적자가 기록됩니다.

만약 민간의 해외 투자가 이루어지지 않고 중앙은행이 환율 안정을 위해 달러를 사들였다면, 그 금액은 외환보유액 증가로 나타납니다. 이 역시 금융계정의 적자입니다. 형태는 달라도 결론은 같습니다. 경상수지 흑자는 반드시 금융계정 적자로 이어집니다. 그래서 국제수지의 총합은 언제나 0입니다.

이렇게 보면 국제수지는 복잡한 통계가 아니라, 한 나라의 국가용 용돈 기입장에 가깝습니다. 외국에 물건을 팔면 돈이 들어오고, 외국 물건을 사면 돈이 나갑니다. 해외에 투자하면 자금이 빠져나가고, 외국 자본이 들어오면 다시 채워집니다. 중요한 것은 단순히 흑자냐 적자냐가 아니라, 돈이 어디에서 들어와 어디로 흘러갔는가입니다. 경상수지와 금융계정은 바로 그 흐름을 서로 맞물린 장부로 보여 줍니다.

그래서 경상수지 흑자는 단순히 '돈을 많이 벌었다'는 뜻이 아닙니다. 그만큼의 자금이 해외 자산으로 바뀌었거나, 외환보유액으로 쌓였다는 의미입니다. 다시 말해, 국가가 번 돈은 반드시 어딘가에 자산으로 남거나, 누군가의 부채로 연결됩니다. 국제수지의 균형은 회계상의 장난이 아니라, 경제가 움직이는 근본적인 원리를 드러냅니다.

여기서 흥미로운 질문이 하나 생깁니다. 왜 우리는 흑자와 적자를 이렇게 부를까요?

'흑자(黑字)'는 말 그대로 검은 글씨, '적자(赤字)'는 붉은 글씨를 뜻합니다. 이 표현은 중세 유럽의 교회 회계 관행에서 유래했습니다. 당시에는 잉크가 매우 귀했기 때문에, 평소에는 검은색 잉크로 장부를 기록했습니다. 그런데 수입보다 지출이 많아 재정이 어

흑자(黑字)와 적자(赤字)

려워지면, 잉크 대신 가축의 피를 사용해 기록을 남겼습니다. 그래서 재정난을 겪던 시기의 장부에는 붉은 흔적이 남았고, 이후 손실과 부족을 붉은 글씨로 표시하는 관습이 굳어졌습니다.

또 하나의 이유도 있습니다. 가계나 기업이 적자를 지속하면 파산 위험에 놓이게 됩니다. 붉은 글씨는 단순한 색이 다니라, 경고의 표시였습니다. 이처럼 흑자와 적자는 단순한 숫자 기상의 의미를 지닙니다. 그 안에는 돈의 흐름, 위험에 대한 신호, 그리고 경제를 바라보는 오랜 역사적 감각이 함께 담겨 있습니다.

국제수지를 읽는다는 것은 숫자를 보는 일이 아닙니다.

한 나라가 세계와 어떻게 연결되어 있는지를 읽는 일입니다.

그리고 그 연결은 언제나, 빠짐없이 기록됩니다.

베니스 상인의 '운명'과 국제 수지의 불안정성

윌리엄 셰익스피어(William Shakespeare)의 《베니스의 상인(The Merchant of Venice)》은 단순한 문학 작품이 아니라, '경제의 심장이 뛰는 이야기'입니다. 16세기 베니스는 오늘날의 뉴욕이나 런던처럼 세계 무역의 중심지였습니다. 동양의 향신료와 서양의 금화가 바다 위를 넘나들며 부를 창출했고, 도시의 운명은 항해하는 무역선들의 항로 위에서 결정되었습니다. 그러나 바다가 약속하는 부는 동시에 위험이었습니다. 폭풍, 해적, 전쟁, 환율 변동—그

베니스의 상인

어느 하나라도 빗나가면 모든 재산은 한순간에 물거품이 되었습니다.

안토니오는 이 세계의 대표적 상인입니다. 그의 부는 땅 위가 아니라 바다 위에 떠 있습니다. 배가 무사히 돌아오면 그는 부자가 되지만, 폭풍 한 번이면 모든 걸 잃습니다. 셰익스피어는 이를 통해 경제의 기본 원리를 보여줍니다. "이익은 늘 위험 위에 세워진다." 안토니오의 재산 구조는 현대 경제의 경상수지와 닮았습니다. 수출입으로 얻은 이익이 국가의 체력을 결정하지만, 외부 충격이 닥치면 언제든 흔들릴 수 있는 불안한 균형이기도 합니다.

이야기의 전환점은 '현금 부족'에서 시작됩니다. 친구 바사니오의 결혼 자금을 마련하기 위해 안토니오는 고리대금업자 샤일록에게 돈을 빌립니다. 하지만 담보는 아직 돌아오지 않은 무역선, 즉 '미래의 수입'입니다. 이는 마치 한 나라가 경상수지 적자로 외국 자본에 의존하는 상황과 같습니다. "지금 당장 필요한 돈을 위해 미래를 판다.” 배가 돌아오면 빚을 갚을 수 있지만, 침몰한다면 남는 것은 빚뿐입니다. 셰익스피어는 안토니오의 몰락을 통해, 이익과 위험은 언제나 함께 춤춘다는 경제의 냉혹한 진실을 보여줍니다.

안토니오의 부는 ‘실제 수익’이 아니라 ‘기대 수익’이었습니다. 그러나 기대는 바람 한 번에 무너질 수 있습니다. 바다의 파도는 곧 시장의 변동이고, 폭풍은 신용 불안, 해적은 투기 세력의 은유입니다. 그의 삶은 오늘날의 국가 경제처럼 외환보유액, 수출 의존도, 대외채무의 균형 위에 위태롭게 서 있습니다. 셰익스피어는 안토니오를 개인으로 그리지만, 그의 파산은 곧 ‘베니스 경제의 균열’을 의미합니다. 한 사람의 위험이 사회 전체로 전이되는 구조, 그것이 바로 금융의 본질이자 현대 자본주의의 그림자입니다.

그리고 샤일록. 그는 계약대로 ‘살 1파운드’를 요구합니다. 인간의 몸을 돈의 담보로 환산하며, 시장의 논리가 인간의 생명 위에 군림하는 장면입니다. 이는 경제학적으로, 시장이 도덕과 신뢰라는 공공재를 잠식할 때 나타나는 ‘시장 실패’의 극단입니다. 효율만 남고 인간의 존엄이 사라지는 순간, 금융은 더 이상 시스템이 아니라 냉혹한 도살장이 됩니다.

《베니스의 상인》은 결국 이렇게 속삭입니다. “바다는 이익을 약속하지만, 그 약속은 언제나 위험 위에 세워진다.” 셰익스피어는 돈과 인간, 계약과 신뢰의 균형이 무너질 때 사회가 어떻게 붕괴하는지를 보여줍니다. 안토니오의 배는 경제의 상징이자 인간의 자만을 드러내는 메타포입니다. 수익을 좇던 항해가 신뢰를 잃는 순간, 바다는 더 이상 부의 통로가 아니라 심판의 바다가 됩니다.

오늘날 세계에서도 이 이야기는 여전히 낯설지 않습니다. 국제 무역과 금융이 얽힌 현대의 바다 위에서, 우리는 여전히 같은 질문 앞에 서 있습니다. "이익을 향해 항해하는 우리는, 과연 신뢰를 닻으로 내리고 있는가?" 셰익스피어의 답은 400년 전에도, 지금도 같습니다. 신뢰 없는 부는 바람 앞의 배와 같고, 그 배가 향하는 곳은 언제나 침몰입니다.

국가 간 모든 거래를 담는 '마법의 장부', 국제수지

국제수지는 한 나라가 세계와 주고받은 모든 경제 활동을 기록한 거대한 가계부입니다. 물건을 팔고 사는 무역만 적혀 있는 것이 아닙니다. 해외여행과 운송, 특허 사용료 같은 서비스 거래, 외국에서 벌어들인 소득, 주식·채권 투자와 해외 공장 설립처럼 돈이 국경을 넘나든 모든 흔적이 이 장부에 남습니다. 쉽게 말해 국제수지는 '외화가 들어오고 나간 모든 자취를 빠짐없이 적어 둔 공식 기록'입니다.

이 거대한 가계부는 크게 세 부분으로 구성됩니다.

먼저 경상수지입니다. 경상수지는 말 그대로 지금 이 순간, 우

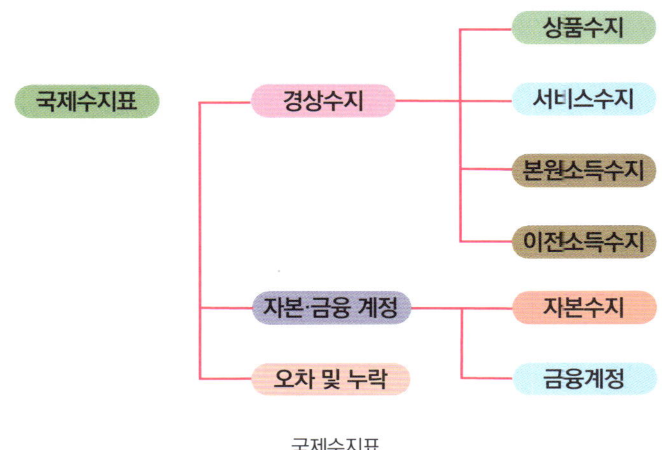

국제수지표

리 경제의 체력을 보여 줍니다. 자동차나 반도체를 수출하면 외화가 들어오므로 (+)로 기록되고, 해외여행을 가서 돈을 쓰면 외화가 나가므로 (−)로 적힙니다. 즉, 외국과의 거래를 통해 얼마나 벌고, 얼마나 썼는지를 가장 직접적으로 보여 주는 지표입니다. 경상수지가 튼튼하다는 것은, 현재의 경제 활동이 세계 시장에서 경쟁력을 갖고 있다는 뜻이기도 합니다.

두 번째는 자본·금융계정(Capital and Financial Account)입니다. 이 계정은 미래를 위한 선택의 기록이라고 할 수 있습니다. 외국인이 국내 주식을 사거나 공장을 세우면 외화가 유입되어 (+)가 됩니다. 반대로 국내 기업이 해외 부동산을 사거나 해외 사업에 투자하면 외화가 빠져나가 (−)로 잡힙니다. 경상수지에서 벌어들인 돈이 해외 자산으로 바뀌기도 하고, 외국 자본이 들어와 국내 투자를 늘리기도 하면서 이 계정은 국제수지의 균형을 맞춥니다. 현재의 성과가 미래의 투자로 이어지는 통로인 셈입니다.

그런데 현실 세계의 거래가 항상 깔끔하게 기록되지는 않습니다. 그래서 국제수지에는 오차 및 누락(Errors and Omissions)이라는 항목이 존재합니다. 신고되지 않은 외환 이동, 통계 작성 시점의 차이, 계산상의 미세한 오류를 조정하기 위한 장치입니다. 말하자면 장부에서 맞지 않는 부분을 조용히 정리해 주는 보정 항목입니다.

예를 들어 경상수지가 흑자인데도 자본·금융계정에서 그만큼의 흐름이 잡히지 않는다면, 실제로는 보고되지 않은 자금 이동이 있었을 가능성이 있습니다. 이 차이를 오차 및 누락이 메우면서 국제수지는 수학적으로 균형을 이룹니다.

국제수지가 중요한 이유는 단순히 '돈이 어디로 갔는지'를 보여 주기 때문이 아닙니다. 국제수지는 현재의 경제 체력(경상수지), 미래를 향한 투자 방향(자본·금융계정), 그리고 통계로 드러나지 않는 움직임(오차 및 누락)까지 함께 담아내는, 한 나라 경제의 대외 활동을 읽는 정밀한 지도입니다.

또 하나 중요한 원칙이 있습니다. 국제수지는 복식부기 원칙에 따라 언제나 합계가 0이 됩니다. 경상수지가 흑자라면 자본·금융계정은 그만큼 적자가 되고, 경상수지가 적자라면 외국 자본 유입이 늘어나 자본·금융계정이 흑자가 됩니다. 이는 세계 경제가 서로 단단히 연결되어 있음을 보여 줍니다. 한 나라에서 벌어들인 외화는 다른 나라의 투자로 이어지고, 그 투자가 다시 새로운 경제 흐름을 만들어 냅니다.

결국 국제수지를 이해한다는 것은 숫자를 외우는 일이 아닙니다.

세계가 어떻게 연결되어 있는지, 신뢰와 자본이 어떤 길을 따라 움직이는지를 읽어내는 능력입니다. 국제수지는 한 나라의 경제가 세계 속에서 어떤 위치에 서 있는지를 가장 정직하게 보여 주는 바로미터입니다.

국제수지 균형의 진짜 의미

국제수지는 단순한 회계표가 아닙니다. 한 나라가 세계 속에서 자원을 얼마나 효율적으로, 그리고 안정적으로 운용하고 있는지를 보여주는 '경제 건강 진단서'입니다. 상품, 서비스, 투자, 송금 등 국경을 넘는 모든 돈의 흐름이 이 장부 안에 담겨 있기에, 국가 경제의 체력과 방향을 한눈에 볼 수 있습니다.

하지만 국제수지를 볼 때는 "흑자냐, 적자냐"라는 단순한 이분법으로 판단해선 안 됩니다. 예를 들어, 경상수지가 흑자라고 해서 항상 좋은 것은 아닙니다. 수출이 늘어서가 아니라 경기 침체로 수입이 줄어든 결과라면 이는 오히려 내수 부진의 신호일 수 있습니다. 반대로 경상수지가 적자라고 해서 반드시 나쁜 것도 아닙니다. 첨단 기술을 수입하거나 미래 산업에 투자하기 위한 지출이라면, 그 적자는 장기적인 성장의 씨앗이 될 수도 있습니다.

결국, 중요한 것은 숫자가 아니라 '무엇을 벌었고, 무엇에 썼는가'입니다. 단순한 흑자와 적자의 구분보다, 그 안에 담긴 이유와 맥락을 읽는 것이 진짜 경제적 사고입니다.

마치 셰익스피어의 《베니스의 상인》에서 안토니오가 이익을 얻기 위해 위험을 감수하듯, 경제에서도 수익과 위험은 함께 움직입니다. 국제수지의 균형이란 단순한 합계가 아니라, 신뢰와 투자, 도덕과 위험 관리가 함께 작동하는 국가 경제의 항해 지도와 같습니다.

결국, 국제수지를 이해한다는 것은 숫자를 읽는 것이 아니라, 세상을 읽는 일입니다.

02 환율의 파도, 자본의 흐름 ―《돈》

환율 전쟁: 한밤중에 벌어진 '달러와의 사투' 이야기

1980년대 초, 일본의 자동차와 전자제품은 세계 시장을 휩쓸었습니다. 특히 미국 소비자들의 선택을 독점하다시피 하며, 일본은 막대한 경상수지 흑자를 기록하게 됩니다. 반면 미국은 점점 커지

플라자 합의(Plaza Accord)

는 무역 적자와 제조업 쇠퇴라는 이중의 위기에 직면하게 됩니다. 공장은 문을 닫고, 일자리는 사라지며, 미국 사회 전반에 위기감이 퍼져 나가던 시기입니다.

이 흐름을 되돌리기 위해 미국은 결단을 내립니다. 1985년 9월, 뉴욕의 플라자 호텔에 미국, 일본, 서독, 영국, 프랑스 등 세계 경제를 쥔 다섯 나라의 재무장관들이 모였습니다. 이 자리에서 체결된 것이 바로 플라자 합의(Plaza Accord)입니다. 합의의 핵심은 분명했습니다. 달러 가치는 낮추고, 엔화와 마르크화 가치는 인위적으로 끌어올린다는 것이었습니다. 환율을 통해 일본 제품의 가격 경쟁력을 약화시키고, 미국 산업을 보호하겠다는 전략적 선택이었습니다.

그러나 이 결정은 일본 경제에 예상보다 훨씬 큰 충격을 안겼습니다. 합의 직후 엔화 가치는 급등했고, 일본 수출 기업들은 하루 아침에 경쟁력을 잃었습니다. 수출이 막히자 일본 정부와 중앙은행은 경기를 살리기 위해 초저금리 정책을 선택합니다. 시중에 돈이 넘쳐나기 시작했고, 그 돈은 실물 경제가 아닌 부동산과 주식 시장으로 몰려들었습니다. 이렇게 만들어진 것이 바로 일본 경제의 거대한 자산 버블입니다.

버블은 영원히 유지되지 않습니다. 결국 거품은 붕괴했고, 일본 경제는 장기 침체에 빠지게 됩니다. 성장도, 회복도 쉽지 않은 시간들이 이어졌고, 이 시기는 훗날 '잃어버린 20년'이라 불리게 됩니다. 하나의 환율 결정이 한 나라의 경제 체질과 미래를 송두리째 바꿔 놓은 순간이었습니다.

이 사건은 환율이 결코 단순한 숫자가 아님을 분명히 보여줍니다. 환율은 수출과 수입을 바꾸고, 기업의 생존을 가르며, 산업 구조 전체를 흔드는 힘을 가집니다. 동시에 환율은 시장의 자연스러운 결과이면서도, 강대국들의 정치적 계산과 외교 전략이 개입되는 전략 무기이기도 합니다. 그래서 중앙은행과 국가 지도자들은 환율을 두고 끊임없는 심리전과 힘겨루기를 벌입니다.

플라자 합의가 남긴 교훈은 명확합니다. 환율은 단순한 통화의 비율이 아니라, 한 나라의 산업과 무역, 그리고 미래를 결정짓는 가장 예민한 경제적 레버리지라는 사실입니다. 숫자 하나가 역사를 바꿀 수 있다는 점에서, 환율은 살아 있는 경제의 언어입니다.

에밀 졸라의 《돈》, 인간의 욕망이 만든 '환율의 소용돌이'

19세기 후반, 산업화의 불길이 타오르던 프랑스 파리는 자본과 욕망이 폭발하던 거대한 실험장이었습니다. 에밀 졸라(Émile Zola)의 소설 《돈(L'Argent)》은 그 한가운데서 인간의 탐욕, 금융의 광기, 그리고 신뢰가 무너질 때 경제가 어떻게 붕괴하는지를 냉철하게 보여 줍니다. 파리는 그야말로 '돈의 수도'였고, 은행은 성당이었으며, 증권가는 예배당이었습니다. 졸라는 이곳에서 기도 대신 투기가, 신앙 대신 환율이 존재하는 새로운 종교―'금융의 신전'을 그려냅니다.

돈

주인공 사카르는 끝없는 야망의 화신입니다. 그는 가상의 은행 '유니옹 제네랄'을 세우며, 신앙과 애국심을 내세워 투자자들의 감정을 조작합니다. "이 투자는 조국과 신을 위한 일이다." 그의 한마디에 귀족부터 중산층까지, 모든 사람이 돈을 바칩니다. 주가는 폭등하고, 파리 증시는 광기의 축제가 됩니다. 그러나 그들이 진정으로 산 것은 '돈'이 아니라 '꿈'이었습니다. 졸라는 그 꿈이 부풀어 오르다 결국 폭발하는 과정을, 냉혹하면서도 시적인 문장으로 기록합니다.

사카르의 투기는 국경을 넘어섭니다. 유럽 각국의 자본이 파운드와 프랑, 마르크와 리라 사이를 넘나들며 환율은 폭풍처럼 요동칩니다. 투자자들은 더 큰 차익을 좇아 외화를 사고팔며, 손끝에서 통화의 가치가 춤을 춥니다. 단 한 번의 금리 인상이나 한 줄의 정치 뉴스가 시장을 흔들고, 졸라는 이를 "바다의 조류처럼 인간이 통제할 수 없는 돈의 흐름"이라 표현합니다. 이는 오늘날 외환시장과 글로벌 금융의 본질을 꿰뚫는 통찰입니다.

하지만 그 찬란한 부의 성전은 모래 위에 세워진 신전이었습니다. 사카르가 내세운 신앙과 애국의 구호는 투기의 포장지였고, 은행의 대리석 벽은 신뢰 없는 금융 구조를 숨기고 있었습니다. 한 줄기 불안이 퍼지자 외국 자본은 순식간에 빠져나갔고, 통화는 폭락하며 파리 금융시장은 붕괴했습니다. 졸라는 숫자가 아니라

'공포'가 시장을 움직인다고 말합니다. 환율의 급등락은 경제의 언어로 표현된 인간 감정의 진폭이었습니다.

특히 외국 자본의 급격한 유입과 유출은 오늘날 '핫머니(Hot Money)' 이동을 떠올리게 합니다. 경제가 좋을 때는 자본이 몰려들지만, 불안이 감지되는 순간 자금은 번개처럼 빠져나가며 환율이 급등하고 시스템은 흔들립니다. 졸라가 그린 19세기 파리는, 1997년 아시아 외환위기와 2008년 글로벌 금융위기를 예견한 듯한 섬뜩한 현실감을 지닙니다. 시대와 기술은 변했지만, 인간의 탐욕과 두려움은 여전히 같은 리듬으로 시장을 요동치게 합니다.

결국 《돈》이 말하는 핵심은 단순합니다. "돈은 신뢰 위에 존재한다." 신뢰가 무너지는 순간, 금융은 숫자가 아니라 재앙이 되고, 환율은 인간의 불안을 반영하는 거울이 됩니다. 사카르의 몰락은 한 인간의 비극이 아니라, 신뢰 없는 자본주의의 자화상입니다.

졸라의 문장은 오늘날에도 경고처럼 들립니다. "돈은 흐름이다. 그러나 그 흐름의 방향은 언제나 인간의 도덕이 정한다." 《돈》은 숫자의 소설이 아니라, 신뢰의 경제학이자 인간 본성에 대한 탐사입니다. 자본이 신이 되고 금융이 신앙이 된 시대, 졸라는 묻습니다. "당신이 믿는 것은 신입니까, 아니면 이자율입니까?"

환율, '화폐의 가격'을 결정하는 힘

환율(exchange rate)은 한 나라의 돈을 다른 나라의 돈으로 바꾸는 비율, 다시 말해 돈의 '가격'입니다. 예를 들어 1달러가 1,300원이라면, 달러 한 장의 가격이 1,300원이라는 뜻입니다. 원화로 달러를 사려면 그만큼을 지불해야 한다는 의미죠. 우리가 물건의 가격을 보듯, 환율은 화폐의 가격을 보여 줍니다.

하지만 환율은 단순한 숫자가 아닙니다. 그 안에는 나라와 나라의 경제력, 무역의 흐름, 투자 자본의 이동, 그리고 사람들의 심리까지 함께 담겨 있습니다. 기본 원리는 분명합니다. 외화의 수요와 공급입니다. 해외여행을 가거나 수입이 늘어나면 달러를 사려는 사람이 많아지고, 그만큼 달러의 값은 오릅니다. 이때 우리는 '환율이 올랐다', 다시 말해 원화의 가치가 내려갔다고 말합니다.

반대로 외국인이 국내 주식을 사거나, 수출 대금으로 달러가 많이 들어오면 상황은 달라집니다. 달러 공급이 늘어나면서 환율은 내려가고, 이는 원화의 가치가 올라갔다는 뜻이 됩니다.

이 과정을 한마디로 정리하면, 환율은 돈의 인기투표와 같습니다. 사람들이 달러를 더 찾으면 달러의 가격이 오르고, 원화를 더 신뢰하면 원화의 가격이 오릅니다. 예를 들어 세계 경제가 불안해지면 많은 사람들이 안전하다고 여겨지는 달러를 사들입니다. 그 순간 달러의 인기는 치솟고 환율은 상승합니다. 반대로 대한민국

경제에 대한 신뢰가 높아지면 투자자들은 원화를 사기 시작하고, 환율은 내려갑니다.

그래서 환율은 단순히 '달러가 얼마냐'를 알려 주는 숫자가 아닙니다. 세계가 무엇을 두려워하고, 무엇을 믿고 있는지를 보여 주는 신호입니다. 환율이 오르내릴 때마다, 그 뒤에서는 자본이 움직이고, 기대와 불안이 방향을 바꾸고 있습니다. 환율을 읽는다는 것은 숫자를 보는 일이 아니라, 돈의 선택을 통해 드러나는 세계의 심리를 읽는 일입니다.

환율을 움직이는 보이지 않는 손 ─ 금리

환율을 움직이는 힘 가운데 하나는 바로 금리입니다. 돈은 감정이 없지만, 항상 더 많은 보상을 주는 쪽으로 이동합니다. 만약 대한민국의 금리가 미국보다 낮다면, 투자자들은 자연스럽게 더 높은 이자를 받을 수 있는 미국으로 자금을 옮기려 합니다. 이 과정에서 달러를 사려는 수요가 늘어나고, 그 결과 환율은 상승합니다. 반대로 우리나라 금리가 더 높아지면 상황은 달라집니다. 외국 자금이 국내로 들어오면서 달러 공급이 늘고, 환율은 하락 압력을 받게 됩니다.

이처럼 환율은 단순한 숫자가 아니라, 자본이 어느 쪽으로 움직이고 있는지 보여 주는 신호입니다. 그래서 환율은 흔히 한 나라의 '경제 체온계'에 비유됩니다. 환율이 지나치게 오르면 수입 물가가 올라 생활비 부담이 커집니다. 해외에서 들여오는 원자재와 에너지 가격이 오르기 때문입니다. 반면 수출 기업에게는 같은 환율 상승이 기회가 되기도 합니다. 같은 물건을 팔아도 더 많은 원화를 벌 수 있기 때문입니다.

반대로 환율이 너무 낮아지면 수입품은 싸지고 해외여행은 쉬워집니다. 하지만 수출 기업의 가격 경쟁력은 약해집니다. 외국 시장에서 우리 상품이 상대적으로 비싸 보이기 때문입니다. 이처럼 환율은 소비자의 지갑, 기업의 전략, 국가 경제의 균형을 동시에 흔드는 민감한 변수입니다.

그래서 환율을 안다는 것은 단순히 '달러가 얼마인가'를 아는 데서 끝나지 않습니다. 환율 속에는 세계 자본의 흐름, 각 나라의 금리 정책, 경제에 대한 신뢰가 함께 담겨 있습니다. 환율이 오르내린다는 것은 이 균형이 조금씩 이동하고 있다는 신호이기도 합니다.

결국 환율은 숫자가 아니라 관계의 결과입니다. 나라와 나라 사이의 선택, 투자자들의 판단, 그리고 경제에 대한 신뢰가 겹쳐 만들어진 값입니다. 환율을 읽는다는 것은, 그 숫자 뒤에서 움직이고 있는 세계 경제의 흐름을 함께 읽어내는 일입니다.

환율을 다루는 지혜 − 신뢰와 균형의 경제학

환율이 하루아침에 급등하거나 급락하면, 그 파장은 생각보다 훨씬 큽니다. 환율이 오르면 수입 원자재 가격이 치솟아 제조업체의 부담이 커지고, 반대로 수출 기업은 같은 상품을 팔아도 더 많은 원화를 벌 수 있어 유리해집니다. 문제는 속도입니다. 환율이 너무 빠르게 오를 때, 그 충격은 경제 전반으로 번집니다. 물가는 오르고, 외화로 빚을 낸 기업들의 부담은 순식간에 불어납니다.

예를 들어 한 기업이 100만 달러를 빌렸다고 가정해 봅시다. 환율이 1,000원일 때는 갚아야 할 돈이 10억 원입니다. 하지만 환율이 1,500원으로 오르면 상황은 완전히 달라집니다. 같은 빚인데도 상환액은 15억 원으로 늘어납니다. 환율 변화만으로 부채 부담이 50%나 증가한 것입니다. 이 현상이 여러 기업으로 번지면, 은행의 부실이 커지고 신용은 얼어붙으며, 경제 전체가 급속히 위축됩니다.

이런 연쇄 반응은 실제 역사에서도 반복되었습니다. 1997년 한국 외환위기는 환율 급등이 얼마나 치명적인 결과를 낳을 수 있는지를 보여주는 대표적인 사례입니다. 통화에 대한 신뢰가 무너지자 자본은 빠져나갔고, 환율은 폭등했으며, 기업과 금융기관은 연쇄적으로 흔들렸습니다. 위기의 시작은 숫자였지만, 본질은 신뢰의 붕괴였습니다.

그래서 환율은 단순한 돈의 교환 비율이 아닙니다. 환율은 한 나라의 신뢰와 경제 체력을 비추는 거울입니다. 환율이 안정된 나라는 외국인 투자자에게 '믿을 수 있는 시장'으로 보입니다. 반대로 환율이 자주 요동치는 국가는 불안정한 공간이 되고, 자본은 언제든 빠져나갈 준비를 합니다.

이 때문에 정부와 중앙은행은 외환보유액을 늘리고, 금리를 조정하며, 필요할 경우 시장에 개입해 환율의 급격한 변동을 막으려 합니다. 하지만 정책만으로는 충분하지 않습니다. 환율을 지탱하는 가장 깊은 기반은 언제나 신뢰이기 때문입니다. 신뢰가 흔들리는 순간, 어떤 제도도 숫자를 붙잡아 두기는 어렵습니다.

이 지점에서 떠오르는 작품이 있습니다. 에밀 졸라의 소설 《돈》입니다. 이 작품이 남긴 메시지는 지금도 유효합니다. 자본은 이성적이기보다 감정적이고, 신뢰는 언제나 취약하며, 돈은 인간의 욕망과 불안을 증폭시킵니다. 환율의 숫자 역시 단순한 통계가 아닙니다. 그것은 인간의 공포와 기대가 동시에 투영된 결과입니다.

환율이 흔들릴 때, 가장 먼저 흔들리는 것은 숫자가 아니라 믿음입니다. 그리고 그 믿음이 무너지는 순간, 경제는 생각보다 훨씬 빠르게 균열을 드러냅니다. 그래서 환율을 이해한다는 것은 환전표를 읽는 일이 아니라, 경제를 떠받치고 있는 신뢰의 상태를 읽는 일입니다.

문학은 인간의 욕망과 선택,

갈등과 가치를

가장 깊이 파고드는 언어입니다.

문학은 인간을, 경제는 세상을 이해하게 한다

"문학은 인간을, 경제는 세상을 이해하게 한다."

이 슬로건을 붙들고 20년 동안 수업을 하며 깨달은 것은, 인간과 세상은 결코 분리될 수 없다는 단순하면서도 본질적인 진리였습니다. 인간을 이해하지 않고는 세상을 설명할 수 없고, 세상의 구조를 외면한 채 인간을 말할 수도 없습니다. 문학과 경제는 그렇게 동전의 양면처럼 맞닿아 있습니다.

문학은 인간의 내면을 탐구합니다. 욕망과 사랑, 탐욕과 좌절, 그리고 선택 앞에서 흔들리는 마음을 집요하게 들여다봅니다. 《고리오 영감》 속 맹목적인 부정애는 숭고한 가족애를 넘어, 집착이 어떻게 인간을 파괴하는지를 보여 줍니다. 뤼시앵은 화려한 세계에 대한 환상 속에서 자신을 잃고, 곱세크는 돈의 논리에 매몰되어 인간성을 포기합니다. 시대는 달라도 이 인물들은 모두 결핍과 욕망을 지닌 인간의 또 다른 얼굴입니다. 문학은 우리에게 끊임없이 묻습니다. 인간은 왜 그렇게 행동하는가?

경제학은 그 질문의 또 다른 답변입니다. 완벽하지 않은 인간들이 만들어 낸 세상, 그 구조와 결과를 분석하는 학문입니다. 시장은 냉정해 보이지만, 그 안에는 인간의 욕망이 그대로 투영되어 있습니다. 인플레이션이라는 '흔적 없는 도둑'이 우리의 삶을 잠식하는 이유, 기회비용이라는 보이지 않는 대가가 왜 모든 선택을 제한하는지 경제학은 논리로 설명합니다. 감정을 분석하지는 않지만, 그 감정이 만들어 낸 결과를 집요하게 추적합니다.

문학이 인간의 내면을 비추는 거울이라면, 경제학은 그 내면이 빚어낸 세상의 지도를 그려 줍니다. 둘은 서로를 보완하며 비로소 완성됩니다. 문학 없는 경제는 인간의 온기를 잃고, 경제 없는 문학은 현실의 토대를 상실합니다. 진정한 지성은 감성과 이성이 만나는 지점에서 탄생합니다.

결국 지적인 삶이란, 이 두 언어를 동시에 배우는 여정입니다. 문학이라는 렌즈로 욕망의 깊이를 읽고, 경제학이라는 나침반으로 그 욕망이 사회 속에서 어떤 파동을 일으키는지 탐구하는 것. 인간의 심리를 이해하지 못한 경제는 공허하고, 현실의 논리를 외면한 문학은 허상에 머뭅니다.

이 책이 전하고자 하는 것은 바로 그 균형의 시선입니다. 단순한 경제 지식이나 문학적 감상이 아니라, '돈'이라는 존재가 인간의 영혼과 사회의 구조를 어떻게 흔드는지를 함께 사유하는 경험입니다. 문학과 경제는 따로 흐르는 두 강이 아니라, 결국 인간이라는 하나의 바다로 흘러드는 물줄기입니다.

우리가 이 책을 따라 던지는 질문들 — "왜 인간은 욕망하는가?", "어째서 사회는 불평등한가?" — 에 대한 답은 단순하지 않습니다. 그러나 이 여정 끝에서 분명해지는 것이 있습니다. 문학의 눈과 경제의 언어가 만나는 지점에서, 우리는 비로소 생각하는 인간으로 살아갈 수 있다는 사실입니다. *

문학 속 숨은 경제학

초판인쇄	2026년 01월 21일
초판발행	2026년 01월 27일
지은이	박정희
발행인	조현수
펴낸곳	도서출판 더로드
기획	조용재
마케팅	최관호 최문섭
편집	이승득
디자인	오종국 (Design CREO)
주소	경기도 파주시 광인사길 68 , 201- 4호
전화	031-925-5364, 031-942-5366
팩스	031-942-5368
이메일	provence70@naver.com
등록번호	제2015-000135호
등록	2015년 06월 18일

정가 18,500원

ISBN 979-11-6338-506-6   13320

파본은 구입처나 본사에서 교환해드립니다.

"문학은 인간을,
경제는 세상을 이해하게 한다."